汽车先进技术译丛　智能网联汽车系列

自动车辆和过程的
容错设计及控制

［德］拉尔夫·斯德特（Ralf Stetter）　著
刘晨光　译

机械工业出版社

本书的主要内容为自动车辆和应用过程的研究方法、开发应用和系统验证，具体内容包括容错原理、设计与控制，自动车辆的容错设计与控制，以及自动化过程的容错设计与控制等。本书中的"自动车辆"还包括处于工业生产状态，或者各种基础设施内的车辆，即载人车辆和货运车辆，也称为自动式车辆或自动引导车。另外，尽管在基础设施和加工行业中可能存在类似的运行过程，但在这里，自动化过程主要指工业企业的制造、组装和物流过程。

本书适合工业企业研究开发自动化机械和过程的工程师阅读，也可作为高等院校该研究方向师生的参考用书。

前　言

就本书内容而言，包括了我近几年所进行的科学研究工作。我的朋友，波兰锡隆纳葛拉大学（University of ZielonaGóra）的 Marcin Witczak，是最重要的参与人，他提供了大量有益的见解和评论。另外，由 Józef Korbicz 领导的该大学著名的控制与计算工程学院，其中的九位研究人员 Mariusz Buciakowski、Paweł Majdzik、Krzysztof Patan、Barłomiej Sulikowski 也提供了大量的协助工作。我的前同事 Andreas Paczynski 也很值得一提，正是通过他，我与波兰的业内人士建立了合作和协助关系。

在我所有的企业和大学研究项目中，我的研究助理也做出了大量贡献，另外，与他们的积极讨论也非常重要，他们是 Marek Stania、Michał Zajac、Paweł Ziemniak（项目：用于生产和服务的自动车辆的转向和制动系统）、Anna Chami（项目：油泵系统的先进控制和诊断过程）、Claudius Spindler 和 Piotr Witczak（项目：生产能效预测系统），以及 Denis Hock 和 Johannes Schmelcher（项目：开发创新型的座舱式自行车）。在与过去和现在同事的共同研究工作中，许多人对本书的写作内容做出了重要贡献，他们是 Nicolai Beisheim、Robert Bjekovic、Peter Hertkorn、Jens Kiefer、Michael Niedermeier、Stephan Rudolph、Markus Till、Theresa Breckle、Michael Elwert、Kevin Holder、Manuel Ramsaier 和 Fabian Wünsch。Andreas Zech 在数字产品生命周期项目中，给予了大量无私的帮助。同时，与办公室同事 Wolfgang Engelhardt 进行的多次讨论，对我产生了非常积极的影响。另外，我所在科研部门的良好氛围对我的研究工作也产生了积极的作用。除了上述提到的企业文化因素以外，还要感谢几位主要的同事，他们是 Zerrin Harth、Bernhard Bauer、Edmund Böhm、Thomas Glogowski、Jörg Hübler、Andre Kaufmann、Tim Nosper、Thomas Schreier – Alt 和 Michael Winkler。本书内容的一部分来自我在汽车行业的讲座和访谈系列。

我要感谢德国拉芬斯堡－魏恩加滕应用技术大学的教职员工及参与相关项目众多大学生的共同投入、开放性、理解力以及乐趣。我还要感谢该大学管理层，尤其是 Thomas Spägele 校长的大力支持和所创造的学术自由气氛。还有，Peter Eckart 在我研究期间，帮我承担了一些教学任务，我对此深表感谢。

最后，我要特别感谢我姐姐 Eva 对本书进行了最后的校对。

我更要感谢我的妻子和孩子们，他们让我有充足的时间完成写作；还要感谢我母亲的不断关怀。

拉尔夫·斯德特
于德国拉芬斯堡

目 录

前言
缩写
符号
开篇　关于本书 …………………………… 1
参考文献 …………………………………… 9

第 1 部分　容错原理、设计与控制

第 1 章　容错控制 ………………………… 15
 1.1　时间连续过程的容错控制 ……… 20
 1.2　离散性事件系统的容错控制 …… 22
 1.3　故障识别：主动式容错控制基本
   工具 ……………………………… 25
 1.4　容错控制器 ……………………… 26
 1.5　故障预测 ………………………… 27
 1.6　小结 ……………………………… 30

 参考文献 …………………………………… 31
第 2 章　容错设计 ………………………… 34
 2.1　探索需求 ………………………… 36
 2.2　功能架构 ………………………… 40
 2.3　物理实现 ………………………… 43
 2.4　几何因素考虑 …………………… 44
 2.5　小结 ……………………………… 47
 参考文献 …………………………………… 47

第 2 部分　自动车辆的容错设计与控制

第 3 章　基于方法和模型的自动车辆
   设计 ……………………………… 53
 3.1　过程规划 ………………………… 53
  3.1.1　机电一体化系统的开发
     方法 ………………………… 54
  3.1.2　开发过程的规划和控制 …… 58
 3.2　探索客户需求 …………………… 61
 3.3　需求管理 ………………………… 65
  3.3.1　背景 ……………………… 65
  3.3.2　基于模型的需求管理 …… 67
  3.3.3　行业情况 ………………… 68
  3.3.4　自动引导车辆需求管理 … 69
 3.4　系统设计 ………………………… 74
 3.5　行业特定的设计 ………………… 75
 3.6　系统集成 ………………………… 76

 3.7　验证与确认 ……………………… 76
 3.8　小结 ……………………………… 78
 参考文献 …………………………………… 78
第 4 章　自动引导车虚拟诊断传感器
   的设计 …………………………… 81
 4.1　技术现状 ………………………… 81
 4.2　所要研究的问题与结构 ………… 83
 4.3　离散时间系统的描述 …………… 84
 4.4　自动引导车的设计与实现 ……… 84
 4.5　自动引导车的数学模型 ………… 86
 4.6　虚拟传感器设计 ………………… 87
  4.6.1　不确定区间 ……………… 92
  4.6.2　诊断原理 ………………… 92
 4.7　测试验证 ………………………… 93
 4.8　实验结果与讨论 ………………… 94

4.9 结论 ································· 97
参考文献 ································· 98

第3部分　自动化过程的容错设计与控制

第5章　自动化过程的预测容错控制 ························· 103
5.1 规划自动化电池组装系统 ······· 104
5.2 装配系统建模 ···················· 106
　5.2.1 最大加代数 ················· 107
　5.2.2 区间性最大加代数 ········ 108
　5.2.3 区间性最大加线性模型 ··· 108
5.3 容错控制策略 ···················· 109
5.4 容错控制策略的应用 ············ 112
5.5 结论 ······························· 116
参考文献 ································ 117

第6章　预测自动化过程组件的剩余使用寿命 ··························· 118
6.1 简介 ································ 118
6.2 应用举例 ·························· 120
6.3 当今技术现状 ···················· 124
　6.3.1 剩余使用寿命的预测 ····· 124
　6.3.2 电池衰老模型 ·············· 126
　6.3.3 组装系统的预测控制 ····· 129
6.4 剩余使用寿命的预测方法 ······ 129
　6.4.1 衰退指标 ···················· 129
　6.4.2 上级系统剩余使用寿命的预测 ·························· 132
　6.4.3 剩余使用寿命与容错之间的关系 ······················· 135
6.5 电池状态估计 ···················· 136
6.6 剩余使用寿命的预测 ············ 139

6.7 性能评估 ·························· 140
6.8 装配系统的健康意识模型预测控制 ································· 144
6.9 验证和实验结果 ·················· 146
6.10 结论 ······························ 149
参考文献 ································ 150

第7章　扩展具有柔性冗余和共享元素的自动化流程 ··············· 154
7.1 柔性冗余和共享元素 ············ 154
7.2 过程举例 ·························· 156
7.3 柔性冗余元素建模 ··············· 158
7.4 座椅装配系统的建模 ············ 160
　7.4.1 最大加 Max-Plus 线性模型和区间最大加 Imax-Plus 框架 ···················· 160
　7.4.2 处理过程约束 ·············· 162
7.5 约束模型预测控制 ··············· 162
7.6 座椅装配系统的容错控制 ······ 163
7.7 实施结果 ·························· 166
　7.7.1 无故障情况 ················· 166
　7.7.2 故障情况 ···················· 167
7.8 结论 ································ 170
参考文献 ································ 171

第8章　结论与未来的研究方向 ··· 172
8.1 结论 ································ 172
8.2 未来的研究方向 ·················· 174
参考文献 ································ 175

缩　写

AFD	Active Fault Diagnosis，主动故障诊断
AGV	Automatic Guided Vehicle，自动引导车
AI	Artificial Intelligence，人工智能
AR	Augmented Reality，增强现实
ARMA	Autoregressive Moving Average，自回归移动平均线
BF	Bayesian Frameworks，贝叶斯框架
BMC	Bayesian Monte Carlo，贝叶斯－蒙特卡洛
CAD	Computer Aided Design，计算机辅助设计
CCV	Comparative Customer Value，比较式客户价值
CDF	Cumulative Distribution Function，累积分布函数
CFD	Computational Fluid Dynamics，计算流体动力学
CRB	Cohesion of Rigid Bodies，刚体聚集
COG	Centre Of Gravity，重心
DAE	Differential Algebraic Equations，微分代数方程
DES	Discrete Event System，离散性事件系统
DfC	Design for Control，控制设计
DfD	Design for Diagnosis，诊断设计
DfM	Design for Monitoring，监控设计
DfS	Design for Safety，安全性设计
DST	Dempster Shafer Theory Dempster－Shafer，信息融合理论
EKF	Extended Kalman Filter，扩展卡尔曼滤波器
EMC	Electromagnetic Compatibility，电磁兼容性
EoL	End－of－Life，寿命终止
ERP	Enterprise Resource Planning，企业资源规划
FDD	Fault Detection and Diagnosis，故障检测与诊断
FDI	Fault Detection and Isolation，故障检测与隔离
FEM	Finite Element Method，有限元方法
FMEA	Mode and Effects Analysis，失效模式与影响分析
FMS	Manufacturing System，柔性制造系统
FPGA	Field Programmable Gate Arrays，现场可编程栅栏阵列
FSA	Finite State Automata，有限状态自动机

FT	Failure Threshold，故障阈值	
FTA	Fault Tree Analysis，故障树分析	
FTAP	Fault – Tolerant Approaches，容错方法	
FTC	Fault – Tolerant Control，容错控制	
FTD	Fault – Tolerant Design，容错设计	
FTMD	Fault – Tolerant Mechanism Design，容错机制设计	
FR	Functional Redundancy，功能冗余	
GDL	Graph – Based Design Languages，基于图形的设计语言	
GPS	Global Positioning System，全球定位系统	
HI	Health Indicator，健康指标	
HS	Health Stage，健康阶段	
IBP	Internal Battery Parameter，电池内部参数	
IC	Integrated Circuit，集成电路	
ICR	Instantaneous Centre of Rotation，瞬时旋转中心	
LHS	Left Hand Side，左边	
LIDAR	Light Detection and Ranging，光检测和测距	
LMI	Linear Matrix Inequality，线性矩阵不等式	
LPV	Linear Parameter – Varying，线性参数变化	
LUL	Loading/Unloading (system)，装卸（系统）	
LW – PLS	Locally – Weighted Partial Least Squares，局部加权偏最小二乘法	
LSSVM	Least Square Support Vector Machine，最小二乘法支持向量机	
MD	Mechanism Design，机制设计	
MES	Manufacturing Execution System，制造执行系统	
MBS	Multi – Body System，多体系统	
MPC	Model Predictive Control，模型预测控制	
MSO	Minimal Structurally Overdetermined，最小的结构超定	
MTTF	Mean – Time – to – Failure，平均故障时间	
MTTR	Mean – Time – to – Repair，平均修复时间	
NVH	Noise Vibration Harshness，噪声、振动与不平顺性	
OCV	Open Circle Voltage，开路电压	
ODE	Ordinary Differential Equations，常微分方程	
OHC	Overhead Camshaft (Engine)，顶置凸轮轴（发动机）	
OHV	Overhead Valve (Engine)，顶置气门（发动机）	
ORKF	Outlier – Robust Kalman Filter，抗差卡尔曼滤波器	
PDE	Partial Differential Equations，偏微分方程	
PDF	Probability Density Function，概率密度函数	

PLM	Product Life – Cycle Management，	产品生命周期管理
PDM	Product Data Management，	产品数据管理
PFC	Product Function Correntropy，	乘积函数熵
PFD	Passive Fault Diagnosis，	被动故障诊断
PMDD	Product Model Driven Development，	产品模型驱动的开发
RHS	Right Hand Side，	右边
RVM	Relevance Vector Machine，	相关向量机
RUL	Remaining Useful Life，	剩余使用寿命
RM	Requirements Management，	需求管理
SED	Sensor Error Detection，	传感器错误检测
SOC	State of Charge，	充电状态
SGP	Stage – Gate Process，	阶段门控流程
SOH	State of Health，	健康状况
SVM	Support Vector Machine，	支持向量机
SysML	System Modelling Language，	系统建模语言
TMR	Triple Modular Redundancy，	三重模块冗余
TIPS	Theory of Inventive Problem Solving，	创新型问题解决理论
UKF	Unscented Kalman Filter，	无损卡尔曼滤波器
UML	Unified Modelling Language，	统一建模语言
VR	Virtual Reality，	虚拟现实

符 号

A	Assessment of the expected availability，预期的可用性
acc	Assessment of the expected acceleration，预期的加速度
a_x	Longitudinal acceleration，纵向加速度
a_y	Lateral acceleration，横向加速度
A，B，C	System matrices，系统矩阵
AVG	Automated Guided Vehicle，自动引导车辆
$b_i(k)$	Travel duration of an AGV on a journey in backward direction，自动引导车倒退行驶的时间
CC	Assessment of the expected carrying capacity，预期的承载能力
C_{Dif}	Diffusion capacity，扩散量
C_f	Front wheel cornering stiffness，前轮转弯刚度
C_I	Capacity at rated current，额定电流下的电容量
$C_{CT}(k)$	Charge transfer voltage，电荷转移电压
C_{CT}	Charge transfer capacity，电荷转移量
CCV	Customer comparative value，客户比较价值
C_r	Rear wheel cornering stiffness，后轮转弯刚度
COG	Centre of gravity，重心
$d_i(k)$	Operation duration，运行时间
DI_{AO_0}	Additional output oriented degradation indicator，面向附加输出的衰退指标
DI_{AS_0}	Auxiliary substance oriented degradation indicator，面向辅助物质的衰退指标
DI_{C_0}	Consumption oriented degradation indicator，面向消耗的衰退指标
DI_{NVH_0}	Noise, vibration and harshness – oriented degradation indicator，面向 NVH 的衰退指标
DI_{P_0}	Performance oriented degradation indicator，面向性能的衰退指标
EC	Assessment of the expected energy costs，预期的能源成本
$f_i(k)$	Travel duration of an AGV on a journey in forward direction，自动引导车向前行驶的时间
$f_k \in \mathbb{R}^s$	Fault vector，故障向量
F_x	Sum of forces causing longitudinal motion，引起纵向运动力的总和

F_y	Sum of forces causing lateral motion，引起横向运动力的总和
$F_{y,f}$	Total lateral force on the front wheels，前轮上的总侧向力
$F_{y,r}$	Total lateral force on the rear wheels，后轮上的总侧向力
$F_{x,ik}$	Longitudinal force on i, k wheel，第 i, k 车轮的纵向力
$f(\cdot), g(\cdot), h(\cdot)$	Non-linear functions，非线性函数
G	Structure graph，结构图
IC	Assessment of the expected investment costs，预期的投资成本
$i = front, rear$	Axle location，车轴位置
I_{xw}	Wheel moment of inertia，车轮惯性矩
I_z	Robot moment of inertia around z-axis，机器人绕 z 轴的转动惯量
$j = left, right$	Wheel location，车轮位置
J	Cost function，成本函数
k	Discrete time，离散时间
K	Known variable，已知变量
k_f	Number of cycles from full state of charge down to zero charge，从满充电状态到零电量状态的循环数
k_{f1}	Feasible number of cycles，可行的循环数
k_{f2}	Remaining number of cycles，剩余循环数
L	Distribution matrix，分布矩阵
L_a	Rear/front half gauge，后/前半规
L_f	Distance between front axle and COG，前轴与车辆重心之间的距离
L_{fr}	Distance between rear axle and COG，后轴与车辆重心之间的距离
m	Mass，质量
m	Number of cut sets，割集的数量
mpv_{IBP}	Model predicted value of an internal battery parameter，电池内部参数的模型预测值
M	Incidence matrix，关联矩阵
M	Assessment of the expected manoeuvability，预期可操作性
n	Number of basic events in the i-th cut set，第 i 个割集中的基本事件数
N_p	Prediction horizon，预测范围
$P(c_i)$	Probability of the i-th cut set，第 i 个割集的概率
$P(e_j)$	Probability of the e_j basic event e_j，基本事件的概率
$p_{i,j}$	Torque distribution coefficient，转矩分布系数
P_T	Probability of the top event，最高事件的概率

符　号

q	Weighting constant，加权常数	
r	Yaw rate，偏航率	
R_{CT}	Charge transfer resistance，电荷转移阻抗	
R_E	Electrolyte resistance，耐电解质	
R_e	Wheel effective radius，车轮有效半径	
R_{Dif}	Diffusion resistance，扩散阻抗	
R_i	i-th resource，第 i 资源	
RR	Assessment of the expected room requirements，预定的空间要求	
SC	Assessment of the expected service costs，预定的服务费用	
Sur	Assessment of the expected surveillance costs，预定控制成本	
t	Time，时间	
T	Total torque acting on all wheels，所有车轮上的总转矩	
$u_k \in \mathbb{R}^r$	Input vector，输入矢量	
$V_{Dif}(k)$	Diffusion voltage，扩散电压	
vel	Assessment of the expected velocity，预定速度	
$V(k)$	Average output voltage，平均输出电压	
V_{OCV}	Open circuit voltage，开路电压	
$v_i(k)$	Switching variable，切换变量	
v_x	Longitudinal velocity，纵向速度	
$\bar{v}(k)$	Loading zone seat availability time，装载区座位可用时间	
w_k	Disturbance vector，干扰向量	
W_p	Weight of performance，性能加权	
W_A	Weight of the availability，可用性加权	
W_{IC}	Weight of investment costs，投资成本加权	
W_{OC}	Weight of operating costs，运营成本加权	
W_{vel}	Weight of the velocity，速度加权	
W_{acc}	Weight of the acceleration，加速度加权	
W_M	Weight of maneuverability，操纵性加权	
W_{CC}	Weight of the carrying capacity，承载能力加权	
W_{RR}	Weight of the room requirements，空间需求加权	
W_{EC}	Weight of the energy costs，能源成本加权	
W_{SC}	Weight of the service costs，服务费用加权	
W_{SurC}	Weight of the surveillance costs，监控费用加权	
$\bar{x}_i(k)$	Transportation start time，运输开始时间	
$x_k, \hat{x}_k \in \mathbb{R}^n$	State vector and its estimate，状态向量及其估值	

$y_k, \hat{y}_k \in \mathbb{R}^m$	Output vector and its estimate,输出向量及其估值	
$\bar{y}(k)$	Storage zone seat availability time,座位在存储区可用时间	
$y_{M,k} \in \mathbb{R}^m$	Model output,模型输出	
Z	Variable,变量	
$z(k)$	Auxiliary binary variable,辅助二进制变量	
α_k	Gain degradation,收益衰退	
β	Importance reflecting constant,重要性反映常数	
δ_f	Steering angle of the front wheels,前轮转向角	
δ_r	Steering angle of the rear wheels,后轮转向角	
λ_{R_E}	Ageing parameter for the electrolyte resistance,电解质电阻衰老参数	
$\lambda_{R_{CT}}$	Ageing parameter for the charge transfer resistance,转移电阻衰老参数	
$\omega_{i,j}$	Angular velocity of i,j wheel,第i,j个车轮的角速度	
τ_{CT}	Time constant charge transfer,电荷转移时间常数	
τ_{Dif}	Time constant diffusion,扩散时间常数	
κ	Variable representing the importance of the state of charge,充电状态变量	

开篇　关于本书

　　在过去的几十年中，我们已明显地观察到，技术型系统的持续性发展愈发趋于且更加复杂化。其主要原因是消费者和社会需求的增加，以及全球性竞争环境，这都加剧了当今工业的迅速发展。尽管这些复杂的技术系统在其功能，效率，可靠性和安全性方面，目前都具备了很高的水准和产品优势，但是系统发生故障的可能性和频率同时也在不断增加。因此，系统的高度实用性和可靠性，都要求产品应具有某种程度的容错能力，并且有必要在该领域进行持续性的研究工作。在这种情况下，就容错概念的本质而言，就是一个技术系统能够承受和容纳一个或多个故障，但仍能维持其性能，或者恢复到一个可接受范围的能力。

　　此外，工业产品愈发复杂性的趋势，直接导致了故障更容易发生的可能性，这就突出和强调了容错技术的重要性。即将到来的各种技术的融合、产品功能的成倍增长（尤其是在舒适性、娱乐性和安全性方面）、企业在横向和纵向的整合、敏捷性的模块化生产概念、分布式开发和生产过程、不断缩小的产品批量（直至专门针对个别客户的定制产品，批量为1）、人机协作的增强及大数据的大量使用，都将导致产品和生产过程的复杂性日益增加，并在一定程度上降低了产品和过程的透明度。传统的提高容错能力的手段，例如冗余措施，已经不能解决形式越来越多的产品故障，除非进一步增加产品复杂性和提高成本费用，比如产品重量。因此，加强容错科学和方法的研究，可以提高产品的容错能力，而且能减少故障发生后造成的负面影响，同时，这也是将来成功地研究和开发智能型技术系统的基石。

　　上述这种必要性促使全世界的研究人员更加关注于"容错控制"（FTC）理论和技术。容错控制主要针对技术系统在其使用寿命内出现的故障，进而实施系统性的调控，其主要目的就是为系统提供运行安全性，也就是说，在发生故障时，系统的运行稳定性。最近的研究结果表明，通过对技术系统进行有针对性的设计，可以在一定程度上辅助或加强容错的诊断和控制过程。同时，可将产品"容错设计"（FTD）的研究结果集成到容错技术系统。从这个意义上讲，容错设计可以理解为支持技术系统开发的策略、方法、算法、工具和见解的集合。由于容错设计本身的可控制性，以及固有的容错设计质量，就能保证它们本身也具有一定的容错性能。很重要的一点，在这里要明确指出，正是容错设计可以简化容错控制，这两者的有机结合可以获得非常有益的系统容错效果。

本书的主要内容致力于自动车辆和应用过程的研究方法、开发应用和系统验证。重要的是要提醒读者注意，在本书中，"自动车辆"（Automatic Vehicles）概念还包括处于工业生产状态或者各种基础设施内的车辆，即载人车辆和货运车辆，也被称为"自动式车辆"（Autonomous Vehicles）或"自动引导车"（Automated Guided Vehicles）。另外，尽管在基础设施和加工行业中可能存在类似的运行过程，但在这里，"自动化过程"（Automatic Processes）主要指工业企业的制造、组装和物流过程。近年来，"机电一体化产品"、"智能产品"、"工业 4.0"和"网络物理系统"都使不同行业的技术系统具备传感、通信、自适应和配置功能，而且其数量仍在不断增加。本书中，我们虽然使用了技术系统这一概念，但包括了上述几个类型的智能系统。

容错设计和容错控制的具体实现都需要一些策略、方法、过程、算法和工具。在规划复杂技术系统的开发过程时，工程技术人员经常面临着各种挑战。其中特别重要的一点，就是必须首先确定不同开发任务的优先级别。当然，有意识地使用某些诸如过程模型或序列组合之类的工具，可能有所帮助，但是必须在正确的时间考虑上，以正确的方式应用它们。在这里，确定客户的需求及其需求管理，是产品开发成功的关键性因素。其中一个中心问题就是，一个复杂的技术系统通常要满足客户的大量要求。为此，一种非常有效的方法就是使用所谓互连式产品模型，以便改进客户需求的收集、存档编制和实施中的跟踪过程。比如，从技术角度来看，传感器数据的可用性是一个常见的挑战。这一问题可以至少部分地由虚拟传感器解决。

目前，对产品可用性和可靠性的要求不断提高，直接导致了要提高产品容错能力的需求。一方面，可预测性的容错控制可以补偿故障的影响，从而提高可用性和可靠性。另一方面，当可以对系统故障行为进行预测时，就可以有针对性地处理某些容错性的需求。而这样的方法还包括设计具有冗余组件和资源裕度的系统。而这些策略、过程、算法、方法和工具都具有其共同点，就是它们可以辅助和支持容错设计和控制，并且可以为改善和解决一般性容错问题做出一定的贡献，但是，这也要求我们对容错设计和控制首先要有深入的认识和理解。

1. 本书的主要内容

本书介绍了容错控制和设计的最新发展和技术状态。

（1）容错控制

容错控制作为一个工业技术研究领域，旨在通过设计专用的控制算法，以提高系统的可用性和安全性。这些算法要能够保持系统的稳定性和操作性能，而不论是否出现故障，在过去的几十年中，它已经引起了控制学界和工程应用界的极大关注。在许多工业领域，对系统效率和可靠性都提出了很高的挑战性要求，这都需要不仅在理论，而且在实践上，不断探讨和开发相应的故障诊断和控制系统。通常，对安全性至关重要的系统而言，对系统的可靠性要求已超出了常规要求，也超过了一般可接受的技术规范。这种系统典型的代表，比如，可以是核反应堆、化学工厂或民用飞机，还可以是新型的创新系统，例如，分布式生产系统、自动驾驶汽车或高铁系统。几十年以来，针对这些系统提出的紧迫性问题大多数进行的深入性研究是以"故障检测和识别"（FDI）课题为中心。在早期阶段，大量的研究主要致力于开发先进的故障检测和识别技术，这包括分析和基于知识的方法，以及计算智能技术。图 0-1 给出了系统故障检测和识别技术的发展历史概况。

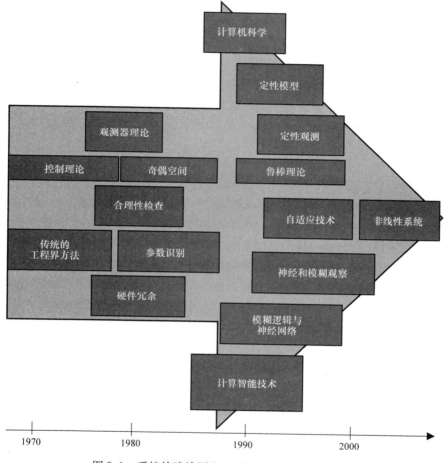

图 0-1　系统故障检测和识别技术的发展历史概况

在基于故障检测和识别的分析方法中，当今最新技术的特点是针对线性、不随时间变化的系统，建立完整的故障检测和识别理论框架，而且也开始更多地关注非线性和不确定性系统。在基于知识和计算型智能技术领域，主要的趋势是集成各种故障检测和识别方案，旨在提高故障诊断系统的综合性能。将实际复杂系统中的各个组成部分进行分析比较，建立它们的数学模型，采用计算机技术进行对等设计，这就有可能生成各种系统诊断信号，这将是一个巨大的信息源。

如何将更高的系统性能、产品质量、生产率和成本效益、故障诊断和容错控制设计这些诸多迅速增长的系统需求，有机地组合协调在一起，已成为产品开发和系统设计中的一个关键性问题，在工业和学术界都引起广泛的关注。通常，可将容错控制方案分为两大类，即被动式和主动式控制，这两者的区别将在第1章中详细地给予说明。

对于系统中关键性的组件，例如传感器、执行器、计算机和总线系统，提高系统容错能力通用的方法就是采用硬件冗余（也称为备份）。对于某些组件，该技术在最近几年已得到新的发展，这还包括软件冗余。更为突出的研究方法还涉及重构方案。最近，因为能够较好地反映非线性系统的行为，所谓的"线性参数变化"（LPV）系统，已在研究非线性系统的故障检测、识别和容错控制范畴受到了广泛的重视和关注。这种新型系统的功能，以及其优越的结构特性，使它成为非线性动态子系统的理想首选。

（2）容错设计

如上所述，容错设计（FTD）被理解为策略、方法、算法、工具和见解的集合，用以在产品开发阶段支持技术系统的研制，正是因为具有了控制能力以及固有的容错设计质量，系统才整体上具有容错能力。尽管在容错控制研究方向上目前正在开发众多创新且具有挑战性的项目，但可以得出结论：该领域已经得到了相当深入的研究，并且已有大量的优秀研究成果、相适用的算法和系统可供工业界使用。相反，有关容错设计（FTD）的研究成果却很少，在该领域的定位、研究和开发仍具有一定的技术挑战性。有关这类容错系统设计，以及产品开发的策略、方法和工具的研究工作，目前也非常多，这些都为开发容错设计方法论提供了良好的经验性基础；然而，容错设计在过去通常不是主要的研究重点。图0-2给出了一个概述性的工程设计发展历史。

在这种情况下，"创造性的问题解决理论"（Theory of Inventive Problem Solving）可能会扩展现有的理论基础。这一理论的本质是基于模式研究，将解决问题和创新工具进行有机的结合，由苏联发明家根里奇·阿奇舒勒定义为发明家式的解决问题理论。另外，关于设计自动化的一般性主题，这方面的研究也很值得注意。集成式产品和过程评估也属于当前的研究工作范畴。而交叉式研究，通常是在设计优化领域进行的。其主要研究活动涉及拓扑优化，这是一种在产品设计空间内，有效地安排零部件分布，以进行系统刚度优化，并减少产品重量的计算性技术。当前，基于特征的设计研究，主要是在于不同系统的集成，例如，"产品数据管理"（PDM）和"产品生命周期管理"（PLM）。而基于特征的设计，实质上是智能化的"计算机辅助设计"（CAD）模型的应用，该模型是将产品几何信息与产品结构特征（例如，生产过程知识）相结合。近几年来，已经出现了一个更新颖的研究方向，这就是所谓基于图的设计语言（GDL）在设计过程中的应用，这将导致整体产品开发过程的自动化执行。

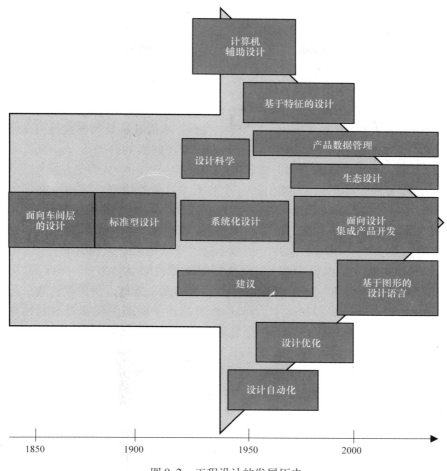

图 0-2　工程设计的发展历史

在过去的几十年中，有关可持续性的主题已受到越来越多的关注。这一趋势导致了在生态设计领域进行了大量的研究活动。为了辅助产品设计人员进行设计创新和研发可持续性产品，已开发了多种工具和系统，例如，在计算机辅助设计系统中，集成了产品能耗预测系统。进一步的研究工作则集中在探讨工业设计过程的进化特征。

在控制工程科学领域，Isermann 等人解决了系统开发问题，这些研究结果和建议可以作为容错设计的基础。

O'Connor 和 Kleyner 概述了大量的可靠性工程的研究结果。目前，该领域的研究主要涉及模糊式评估，动态贝叶斯网络和具有多个不精确、随机性和时间间隔的结构可靠性分析。该领域最重要的安全标准是 EN ISO 13849 – 1（机械安全 – 控制系统的安全相关部分）和 EN 62061（机器安全 – 与安全相关的电气，电子和可编程电子控制系统的功能安全）。

当然，也有可能确某些与容错设计直接相关的研究活动，但它们通常仅限于非常特殊的应用领域。Rouissi 和 Hoblos 曾指出，如果要求一个系统（传感器、执行器、过程）具有承受一个或多个故障的能力，则必须通过具体的设计来实现，并且必须重点在于传感器网络的设计。

Oh 等人参照了核电站的容错设计方法，这其中包括几种系统容错和避免故障所需的设计特征，例如，4 选 2（2 – out – of – 4）表决逻辑、冗余执行装置和对过程仪表的某些要求。Lin 和 Yang 使用"容错设计"术语，主要用于设计可靠的广域移动网络。Shirazipourazad 等人从事有关无线传感器网络的容错设计，重点在于定向式天线收集数据的容错能力和近似算法。

在微电子领域，Hsieh 等人推出了一个具有"三重模块冗余"和容错功能的实例，被用作芯片框架的容错设计方法。就是在芯片中添加了两个为特定目标设计的副本，并使用了所谓的表决器，在这种情况下，至少有两个副本可以工作，从而保证芯片可以正常工作。通常，芯片上的微小错误难以用肉眼识别出来。

Vedachalam 等人提出了一种较为可靠的变频器容错设计方法。他们采用"可靠性建模"和"冗余分析"方法，以制订出最佳的冗余方案，从而权衡兼顾此类转换器的可靠性、性能、成本和尺寸。Strakaet 等描述了所谓"现场可编程栅栏门阵列"（FPGA）的容错系统设计方法，并着重于使用可重构模块和接口，以实现故障恢复能力。

在人工智能领域，Porter 等人提出了一个类似的概念，即"容错机制设计"（FTMD）。在这个概念范围内，机制设计（MD）是博弈论中的一个领域，主要是针对自行代理制定协议。通常的机制设计和容错机制设计之间的区别在于，容错机制设计具有更丰富的独自信息（此外有错误的可能性）。显然，两者的研究领域与本书内容有所不同。但是，通常具有较高智能的单独单元（代理）的一般方法，允许在容错设计领域中进行类比。类似地，可以考虑"Petri 网"在容错设计中的应用，Jiang 和 Hsu 在云物流领域的研究工作提出了一种类似的方法。

由于容错设计包括控制和诊断的组成要素，因此，也可以考虑引用"控制设计"（DfC）和"诊断设计"（DfD）的研究方法。Lieta 提出过一种控制设计方法，但是，其应用范围仅限于由机械结构和控制器构成的简单动态模型。Li 和 Lu 进行过相关的研究工作，主要是为集成设计和控制方法，制订一个初始的抽象性方案（图 0-3）。在 Stetter 和 Simundsson 进行的一项研究中，提出了如何设计技术系统，以有效和简化控制。

针对控制设计的研究而言，主要是试图回答以下问题：应该如何设计产品，才有可能简化诊断过程，即实现对产品或过程异常的检测和识别。在复杂电子系统的开发领域，已经有些报道提出了如何应对这一问题的初步方法。

Chen 使用"诊断设计"概念描述一种技术，以测量延迟和串扰噪声，用于芯片总线线路的测试和诊断。Wang 等人介绍了一种诊断"集成电路"故障的技术。

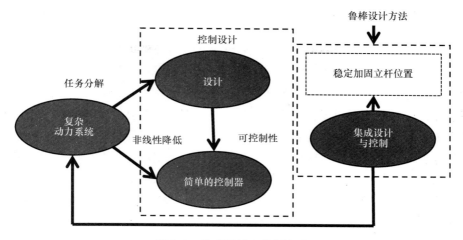

图 0-3 集成设计和控制方法

Stetter 和 Phleps 制定了通用控制设计指南。这一"监测设计指南"（DfM）可以理解为仅是一个中间步骤。

可以得出这样的结论：在容错设计范围内已经开展了许多研究工作，并且，在过去几年中更加受到重视和强化。但是，到目前为止，这些研究工作之间尚没有建立起有机的联系，也没有对这些工作进行逻辑性和科学的抽象分类。

2. 容错技术的基本概念

容错技术的一个最终目标就是提高技术系统的安全性，因此安全性是容错的基本理念。在著名的安全标准 EN ISO 13849 – 1 和 EN 62061 中，将系统安全性定义为一种能力，以免除无法接受的风险威胁。而安全性的主要目的，就是要确保人类免受伤害和死亡，保护技术系统和环境免受任何形式的破坏。在工业领域中，主要是欧盟机械指令 2006/42/EC，及其下属的协调标准。上述 EN ISO 13849 – 1 描述了设计控制系统安全相关部件的一般性原则。而 EN 62061 的内容，主要是关注与系统安全相关的电气、电子和可编程电子控制系统的功能安全。通常，工业制造商自己来决定使用这两个安全系统标准中的哪一个。但无论如何，工业制造商必须设计其自身的技术系统，同时兼顾与安全领域相关的最新技术，并且必须通过危险状况测试将所有操作和过程置于安全状态，为系统提供安全功能。

另外，还有两个最基本的概念，即可靠性和可用性。可靠性是指一个系统，在设计指定的运行条件（例如，负载、环境温度）下，在指定的时间段内（比如，设计寿命），执行其预期功能的可能性。在系统维护研究中，经常使用到两个重要指标，即"平均故障时间"（MTTF）和"平均停机维修时间"（MTTR），二者可以辅助性地说明系统的可用性：

$$系统可用性 = \frac{系统启动时间}{系统启动时间 + 系统停机时间}$$

$$= \frac{平均故障时间（MTTF）}{平均故障时间（MTTF）+ 平均停机维修时间（MTTR）}$$

显然，技术系统的可用性与其维护措施紧密相关。在复杂系统中，除了控制和诊断措施，维护成本占运营和间接费用的很大一部分。但其中很大一部分费用支出却是由于维护效率低下而导致的，例如，由于意外性故障导致的非计划性停运、缺陷性备件进入物流和零部件更换要求。另外一个不易引起注意的原因与对系统组件的不正当使用有关，导致它们过早失效报废。因此，目前的系统故障研究多集中在估算系统组件的"剩余使用寿命"（RUL）。进而，剩余使用寿命可用于预测系统组件的"平均故障时间"，并以此实施控制和系统维护，以尽可能延长系统实际使用时间。

当前的技术系统大多采用模块化结构，通过子系统以层次式结构实现。通常，一个复杂的系统由较为简单的子系统组成（图0-4），而且只有当这些子系统以有组织的方式一起运作时，整个系统才能发挥其作用。

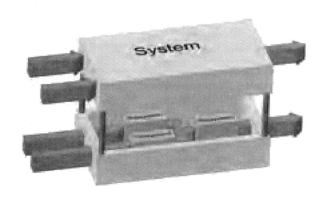

图0-4 系统层次结构

将多个子系统聚合到复杂系统，会对系统的诊断和控制的方方面面产生各种各样的影响。在第1.2节中将详细讨论子系统层次结构及其对系统预测的突出性影响。

3. 本书的结构

在接下来的两章，旨在介绍容错的基本概念和原理。第1章着重介绍容错控制，而第2章将讨论相对新型的容错设计领域。随后两部分的内容建立在此基础上，描述了用于容错设计和控制的工具、算法、方法、框架、策略和系统。本书的

第 2 部分涉及自动车辆的容错控制和设计。其中第 3 章讨论了对自动车辆进行系统性、基于模型的设计过程、方法和工具。第 4 章提出了一种实现虚拟传感器的方法。本章涉及描述连续性的系统，而后面的章节将重点讨论"离散性事件系统"（DES）。本书的第 3 部分涉及自动化过程的容错设计和控制。第 5 章将介绍复杂装配系统自动化过程的容错控制框架。第 6 章是关于"剩余使用寿命"（RUL）的估算策略。第 7 章将预测容错控制的主题扩展到自动化过程，它可以处理灵活性的冗余和共享元素。第 8 章将给出本书的结论和未来的研究方向。

参 考 文 献

1. EN 62061:2005 (Safety of Machinery—functional Safety of safety-related Electrical, Electronic and Programmable Electronic Control Systems)
2. EN ISO 13849-1:2008 (Safety of machinery—safety-related parts of control system—general principles for design)
3. Andreasen, M.M., Hansen, T.C., Cash, C.P.: Conceptual Design. Mindset and Models. Springer, Interpretations (2015)
4. Banh, T.T., Lee, D.: Multi-material topology optimization design for continuum structures with crack patterns. Compos, Struct (2017)
5. Benosman, M.: A survey of some recent results on nonlinear fault tolerant control. Math. Probl. Eng. **586169**, (2010)
6. Blanke, M., Kinnaert, M., Lunze, J., Staroswiecki, M.: Diagnosis and Fault-Tolerant Control. Springer, New York (2016)
7. Camba, J.D., Contero, M., Companyc, P., Prez, D.: On the integration of model-based feature information in product lifecycle management systems. Int. J. Informat. Manag. **37**, 611–621 (2017)
8. Chen, G.-N.: A Design for Diagnosis Technique for the Delay and Crosstalk Measurement of On-Chip Bus Wires. National Central University, Chung-Li, Taiwan (2000)
9. Chen, J., Patton, R.J.: Robust Model Based Fault Diagnosis for Dynamic Systems. Kluwer Academic Publishers, London (1999)
10. Chung, J.C.H., Hwang, T.-S., Wu, C.T., Jiang, C.-T., Wang, J.-Y., Bai, Y., Zou, H.: Framework for integrated mechanical design automation. Comput.-Aided Design **32**, 355–365 (2000)
11. Cross, N.: Engineering Design Methods: Strategies for Product Design. John Wiley and Sons Ltd. (2008)
12. de Oca, S., Puig, V., Witczak, M., Dziekan, L.: Fault-tolerant control strategy for actuator faults using LPV techniques: application to a two degree of freedom helicopter. Int. J. Appl. Math. Comput. Sci. **22**(1), 161–171 (2012)
13. Ding, S.X.: Model-based Fault Diagnosis Techniques: Design Schemes. Algorithms and Tools. Springer, Berlin (2008)
14. Ehrlenspiel, K., Meerkamm, H.: Integrierte Produktentwicklung. Zusammenarbeit. Carl Hanser Verlag, Denkabläufe, Methodeneinsatz (2013)
15. Fougeres, A.-J., Ostrosi, E.: Intelligent agents for feature modelling in computer aided design. J. Computat, Design Eng (2017)
16. Gao, W., Wu, D., Gao, K., Chen, X., Tin-Loi, F.: Structural reliability analysis with imprecise random and interval fields. Appl. Math. Modell. **55**, 49–67 (2018)
17. Hales, C., Gooch, S.: Managing Engineering Design. Springer Science and Business Media (2004)
18. Herrema, A.J., Wiese, N.M., Darling, C.N., Ganapathysubramaniana, B., Krishnamurthya, A., Hsua, M.-C.: A framework for parametric design optimization using isogeometric analysis. J. Comput. Methods Appl. Mech. Eng. **316**, 944–965 (2017)
19. Holder, K., Zech, A., Ramsaier, M., Stetter, R., Niedermeier, H.-P., Rudolph, S., Till, M.: Model-based requirements management in gear systems design based on graph-based design languages. Appl. Sci. **7**, (2017)

20. Hsieh, T.-Y., Li, K.-H., Chung, C.-C.: A fault-analysis oriented re-design and cost-effectiveness evaluation methodology for error tolerant applications. Microelectron. J. **66**, 48–57 (2017)
21. Hubka, V., Eder, W.E.: Theory of Technical Systems: A Total Concept Theory for Engineering Design. Springer (1988)
22. Isermann, R.: Fault Diagnosis Systems. An Introduction from Fault Detection to Fault Tolerance. Springer, New York (2006)
23. Isermann, R.: Fault Diagnosis Applications: Model Based Condition Monitoring, Actuators, Drives, Machinery, Plants, Sensors, and Fault-tolerant Systems. Springer, Berlin (2011)
24. Jamali, S., Bani, M.J.: Application of fuzzy assessing for reliability decision making. In: Proceedings of the World Congress on Engineering and Computer Science (2017)
25. Jiang, F.-C., Hsu, C.-H.: Fault-tolerant system design on cloud logistics by greener standbys deployment with petri net model. Neurocomputing **256**, 90–100 (2017)
26. Jiang, Y., Qinglei, H., Ma, G.: Adaptive backstepping fault-tolerant control for flexible spacecraft with unknown bounded disturbances and actuator failures. ISA Trans. **49**(1), 57–69 (2010)
27. Korbicz, J., Kościelny, J., Kowalczuk, Z., Cholewa, W. (Eds.).: Fault Diagnosis. Models, Artificial Intelligence, Applications. Springer, Berlin (2004)
28. Kościelny, J.M.: Diagnostics of Automatic Industrial Processes. Academic Publishers, Office EXIT (2001)
29. Kowalczuk, Z., Olinski, K.E.: Sub-optimal fault-tolerant control by means of discrete optimization. Int. J. Appl. Math. Comput. Sci. **18**(4), 50–61 (2008)
30. Lee, Y.I., Cannon, M., Kouvaritakis, B.: Extended invariance and its use in model predictive control. Automatica **41**(12), 2163–2169 (2005)
31. Li, H.-X., Lu, X.: System Design and Control Integration for Advanced Manufacturing. Wiley and Sons Ltd., Zurich (2015)
32. Li, Q., Zhang, W.J., Chen, L.: Design for control—a concurrent engineering approach for mechatronic systems design. IEEE/ASME Trans. Mechatron. **6**, 161–169 (2001)
33. Liang, X.F., Wang, H.D., Yi, H., Li, D.: Warship reliability evaluation based on dynamic bayesian networks and numerical simulation. Ocean Eng. **136**, 129–140 (2017)
34. Lin, J.-W., Yang, M.-F.: Fault-tolerant design for wide-area mobile ipv6 networks. J. Syst. Softw. **82**, 1434–1446 (2009)
35. Lindemann, U.: Methodische Entwicklung technischer Produkte. Springer (2009)
36. Liu, M., Cao, X., Shi, P.: Fault estimation and tolerant control for fuzzy stochastic systems. Trans. Fuzzy Syst. **21**(2), 221–229 (2013)
37. MacDonald, E.F., She, J.: Seven cognitive concepts for successful eco-design. J. Clean. Product. **92**, 23–36 (2015)
38. Noura, H., Sauter, D., Hamelin, F., Theilliol, D.: Fault-tolerant control in dynamic systems: application to a winding machine. IEEE Control Syst. Magaz. **20**(1), 33–49 (2000)
39. O'Connor, P.D.T., Kleyner, A.: Practical Reliability Engineering. John Wiley and Sons, Ltd (2012)
40. Oh, Y.G., Jeong, J.K., Lee, J.J., Lee, Y.H., Baek, S.M., Lee, S.J.: Fault-tolerant design for advanced diverse protection system. Nucl. Eng. Technol. **45**(6), 795–802 (2013)
41. Pahl, G., Beitz, W., Feldhusen, J., Grote, K.H.: Engineering Design: A Systematic Approach. Springer (2007)
42. Pham, H.: System Software Reliability. Springer (2006)
43. Ponn, J., Lindemann, U.: Konzeptentwicklung und Gestaltung technischer Produkte. Springer (2011)
44. Porter, R., Ronen, A., Shoham, Y., Tennenholtz, M.: Fault tolerant mechanism design. Artif. Intell. **45**(6), 1783–1799 (2013)
45. Pourmohammad, S., Fekih, A.: Fault-tolerant control of wind turbine systems—a review. In: Proceedings of the Green Technologies Conference (IEEE-Green), pp. 1–6 (2011)
46. Rafajlowicz, E., Rafajlowicz, W.: Control of linear extended nd systems with minimized sensitivity to parameter uncertainties. Multidimens. Syst. Signal Process. **24**(4), 637–656 (2013)
47. Rafajlowicz, E., Styczen, K., Rafajlowicz, W.: A modified filter sqp method as a tool for optimal control of nonlinear systems with spatio-temporal dynamics. Int. J. Appl. Math. Comput. Sci. **22**(2), 313–326 (2012)

48. Ramsaier, M., Spindler, C., Stetter, R., Rudolph, S., Till, M.: Digital representation in multicopter design along the product life-cycle. Procedia CIRP. **62**, 559–564 (2016)
49. Ramsaier, M., Stetter, R., Till, M., Rudolph, S., Schumacher, A.: Automatic definition of density-driven topology optimization with graph-based design languages. In: Proceedings of the 12th World Congress on Structural and Multidisciplinary Optimisation (2017)
50. Roozenburg, N.F.M., Eekels, J.: Product Design: Fundamentals and Methods. Wiley (1995)
51. Rotondo, D., Puig, V., Nejjari, F., Romera, J.A.: A modified filter sqp method as a tool for optimal control of nonlinear systems with spatio-temporal dynamics. Quasi-Lpv Fault-Toler. Control. Four-Wheel. Omnidirectional Mob. Rob. **62**(6), 3932–3944 (2015)
52. Rotondo, D., Puig, V., Nejjari, F., Witczak, M.: Automated generation and comparison of Takagi-Sugeno and polytopic quasi-LPV models. Fuzzy Sets Syst. **277**(C), 44–64 (2015)
53. Rouissi, F., Hoblos, G.: Fault tolerant sensor network design with respect to diagnosability properties. In: Proceedings of the 8th IFAC Symposium on Fault Detection, Supervision and Safety of Technical Processes (SAFEPROCESS), pp. 1120–1124 (2012)
54. Schmelcher, J., Stetter, R., Till, M.: Integrating the ability for topology optimization in a commercial cad-system. In: Proceedings of the 20th International Conference on Engineering Design (ICED 15), Vol 8: Vol 6: Design Methods and Tools Part 2, pp. 173–182 (2015)
55. Shirazipourazad, S., Sen, A., Bandyopadhyay, S.: Fault-tolerant design of wireless sensor networks with directional antennas. Pervas. Mobile Comput. **13**, 258–271 (2014)
56. Si, X.-S., Wang, W., Hu, C.-H., Zhou, D.-H.: Remaining useful life estimationa review on the statistical data driven approaches. Eur. J. Oper. Res. **213**(1), 1–14 (2011)
57. Stetter, R.: Monitoring in product development. In: Conference Proceedings of the 14th European Workshop on Advanced Control and Diagnosis (ACD) (2017)
58. Stetter, R., Möhringer, S., Günther, J., Pulm, U.: Investigation and support of evolutionary design. In: Proceedings of the 20th International Conference on Engineering Design (ICED 15) Vol 8: Innovation and Creativity, pp. 183–192 (2015)
59. Stetter, R., Seemüller, H., Chami, M., Voos H.: Interdisciplinary system model for agent-supported mechatronic design. In: Proceedings of the 18th International Conference on Engineering Design (ICED11)
60. Stetter, R., Simundsson, A.: Design for control. In: Proceedings of the 21st International Conference on Engineering Design (ICED 17) Vol 4: Design Methods and Tools, pp. 149–158 (2017)
61. Stetter, R., Witczak, P., Witczak, Kauf, F., Staiger, B., Spindler, C.: Development of a system for production energy prognosis. In: Proceedings of the 20th International Conference on Engineering Design (ICED 15) Vol 1: Design for Life, pp. 107–116 (2015)
62. Straka, M., Kastil, J., Kotasek, Z., Miculka, L.: Fault tolerant system design and seu injection based testing. Microprocess. Microsyst. **37**, 155–173 (2013)
63. Suh, N.P.: Konzeptentwicklung und Gestaltung technischer Produkte. Oxford University Press (2001)
64. Tatjewski, P.: Advanced Control of Industrial Processes: Structures and Algorithms. Advances in Industrial Control. Springer, London (2007)
65. Tornowa, A., Graubohm, R., Dietrich, F., Drder, K.: Design automation for battery system variants of electric vehicles with integrated product and process evaluation. Procedia CIRP **50**, 424–429 (2016)
66. Trave-Massuyes, L.: Bridging control and artificial intelligence theories for diagnosis: a survey. Eng. Appl. Artif. Intell. **27**, 1–16 (2004)
67. Ulrich, K.T., Eppinger, S.D.: Product Design and Development. McGraw-Hill (2008)
68. Vedachalam, N., Umapathy, A., Ramadass, G.A.: Fault-tolerant design approach for reliable offshore multi-megawatt variable frequency converters. J. Ocean. Eng. Sci. **1**, 226–237 (2016)
69. Wang, F., Hu, Y., Li, X.: A design-for-diagnosis technique for diagnosing integrated circuit faults with faulty scan chains. In: Proceedings of the IEEE 8th Workshop on RTL and High Level Testing (2007)
70. Wang, H.: A survey of maintenance policies of deteriorating systems. Eur. J. Oper. Res. **139**(3), 469–489 (2002)

71. Witczak, M.: Modelling and Estimation Strategies for Fault Diagnosis of Non-linear Systems. Springer, Berlin (2007)
72. Witczak, M.: Fault Diagnosis and Fault-Tolerant Control Strategies for Non-Linear Systems. Springer, Analytical and Soft Computing Approaches (2014)
73. Zhang, Y., Jiang, J.: Bibliographical review on reconfigurable fault-tolerant control systems. Ann. Rev. Control **32**(2), 229–252 (2008)

第 1 部分　容错原理、设计与控制

第1章 容错控制

针对所要讨论的主题,即容错控制的可能性和必要性,在此,自动车辆和过程都可以被视为可控制的动态系统。在这种系统中,可以区分出执行器、设备本身和传感器。图 1-1 所示为常见的可控动态系统构成。

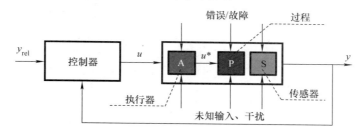

图 1-1 常见的可控动态系统构成

这种系统可以用连续微分方程,在连续时域中进行描述:

$$\dot{x}(t) = f(x(t), u(t)) \tag{1-1}$$
$$y(t) = h(x(t), u(t)) \tag{1-2}$$

或者在离散时域,使用连续递归方程描述:

$$x_{k+1} = f(x_k, u_k) \tag{1-3}$$
$$y_k = h(x_k, u_k) \tag{1-4}$$

式中,$x \in \mathbb{R}^n$ 是状态向量,$y \in \mathbb{R}^m$ 是输出向量,$u \in \mathbb{R}^r$ 表示控制输入向量。f 和 h 通常是非线性函数。

在实际应用中,这种系统经常可能受到故障干扰。一般在可接受、常用的标准条件下,可以将一个故障定义为:系统中一个或多个特性或参数出现的不允许的偏差,比如,一个执行器发生故障。所有这些不希望的变化,如果它们有降低系统或其组件整体性能的趋势,都可以被认为是故障。

因此,故障一词泛指一个系统或其组件,在指定的运行条件下,执行其预期功能的能力,出现了永久性的中断。通常,术语"故障"(Failure)表示系统完全崩溃,而"错误"(Fault)表示这一问题并不是灾难性的。另外,区分故障和干扰(Disturbance)也很重要。在实际应用中无法避免干扰,但是它们对系统性能的确有一定的影响,可以通过精心设计的鲁棒控制器,或者诸如过滤器之类的措施来抵御干扰。但通常，故障会导致系统的动态特性发生很大的变化，而一般的固化式控制器无法排除故障。随着时间的变化，某些错误的影响可能会加剧，如果不及时采取适当的对策，将可能导致整个系统出现故障，因此，容错控制旨在适应故障产生的影响，并尽可能防止故障的出现。图 1-2 说明了错误、故障、危险区域三者之间的关系。

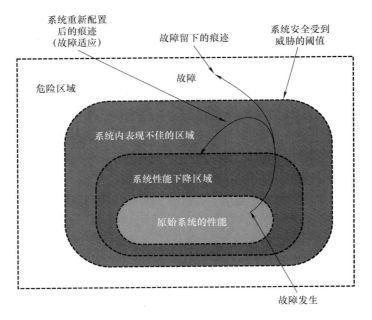

图 1-2　错误、故障、危险区域三者之间的关系

图 1-2 显示了随着子系统中错误级别的升级，系统性能的典型演变过程。如果不存在任何错误，则系统可以在其正常范围内继续运行。在开始时，当所出现的错误较小时，一般的反馈控制就可能纠正错误。但是，当错误的规模继续扩大时，系统的性能就会下降。如果在这种情况下，仍没有采取任何控制措施，系统最终可能变得不稳定。所以，系统容错控制的目的就是容纳一定程度的错误，并使系统的性能尽可能地重新恢复到可接受的范围内。

容错控制方案基本可以分为两大类：被动式和主动式。在主动式容错系统内部，有一个故障检测与隔离系统（FDI），利用故障检测与隔离系统接收到的故障信息，来实施故障错误处理，而在被动式容错控制系统中，系统组件和控制器都是经过一定的预先设计，这使得它们能够在一定程度上抵抗错误，或者削减故障的负面影响。容错控制方案的基本分类和内容如图 1-3 所示。

在一个被动式容错系统中，无论发生任何故障，其控制器不会做出任何反应。控制器的结构和参数，其设计方式都将有助于系统在没有任何主动性干扰的情况下，容忍某些故障。通常，在使用冗余执行器的情况下，被动式方法也称为可靠式

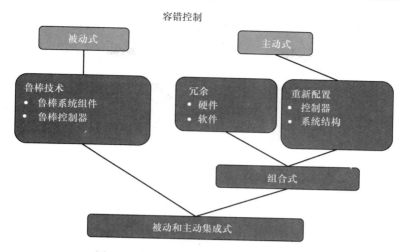

图 1-3 容错控制方案的基本分类和内容

控制方法。

而主动式容错系统的独特之处在于,在出现故障的情况下,将采用一组全新的控制参数,或者控制逻辑,这样系统仍然可以重新恢复到预定的系统性能。在主动式容错控制系统中,故障检测和诊断(FDD)方法可以检测和诊断所出现的故障。如果在诊断之后发现故障很严重,则将对控制器进行重新设计,甚至进行重新配置。所以,术语"控制配置"就是通过选择一组备用输入和输出数据,来更换原有的控制逻辑或控制结构。选择了备用控制配置后,就应挑选新的控制参数,以使新的控制器实现预定的系统性能,如果有可能,或者至少在故障过程中,新的控制器使系统获得一定的故障可容忍性。图 1-4 就说明了这一基本思想。故障发生后,系统将偏离预定的操作状态点,初始时,由系统的输入/输出变量 (u_0, y_0) 定义,而故障时的操作点为 (u_f, y_f)。可见,主动容错控制的目标是制定可替代性的控制逻辑,或者替代控制结构,这就要考虑到某些系统衰退参数,并为系统提供新的操作点 (u_0, y_0),以保护系统运行的主要性能指标(稳定性、准确性等)。也就是说,在理想情况下,这些新的系统参数非常接近初始的系统参数。

通常,容错系统由执行器、过程和传感器组成。基于这三种组成部分,可以区分出三类故障:执行器故障、过程故障和传感器故障。

执行器故障可视为所有设备类型的故障,系统的设备可以是阀门、油泵或电动机等。导致这种类型故障的原因,可能是操作异常或材料衰变。一个带有附加和/或者多个故障的执行器,可以用以下公式描述:

$$u_j^{*f} = \alpha_k^j u_j^* + u_{j0}^* \tag{1-5}$$

式中,u_j^* 和 u_j^{*f} 表示第 j 个正常和错误的控制行为在相应的执行器被锁住的情况下,u_{j0}^* 代表一个恒定偏移量,α_k 代表第 j 个分量的效益下降。对于该增益下降值,

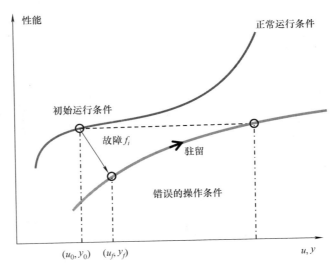

图 1-4 主动容错控制

$\alpha_k = 1$ 表示功能正常的执行器，$\alpha_k = 0$ 表示完全无失效的执行器。

如果某些执行器出现了故障，则这些执行器将破坏系统的闭环操作行为，另外，这时控制器将尝试消除测量值与其参考输入之间的误差，而参考输入是基于无故障条件。在这类情况下，控制器所导致的系统增益并不是"最佳"的，它有可能将系统驱动到其物理边界，甚至更加不稳定。

在工业系统中，由于某些系统参数的更改，可能会导致系统动态性能失常，在这种情况下，就可能出现过程故障，例如，油箱系统泄漏或车辆轮胎气压降低。在这种情况下，系统功能将发生改变，可将这时的系统行为在连续时间域中描述，这可能是

$$\dot{x}(t) = f_f(x(t), u(t)) \quad (1\text{-}6)$$

$$y(t) = h_f(x(t), u(t)) \quad (1\text{-}7)$$

或者在离散时间域中：

$$x_{k+1} = f_f(x_k, u_k) \quad (1\text{-}8)$$

$$y_k = h_f(x_k, u_k) \quad (1\text{-}9)$$

式中，$x \in \mathbb{R}^n$ 是状态向量，$y \in \mathbb{R}^m$ 是输出向量，而 $u \in \mathbb{R}^r$ 代表控制输入向量。通常，f_f 和 h_f 都是非线性函数，用于描述在故障情况下系统行为的改变。重要的是要注意，在大多数情况下，这些功能都是未知的，并且不能简单地以解析的形式表达。当然，对于某些不太复杂的系统和频繁出现的故障，可以解析性地描述。另外，带来的一个事实就是，当故障变得愈发严重时，系统功能可能会随时间迅速变化。

传感器故障可以看作是一次或多次测量值的急剧变化。可以分出两种主要的传感器故障："就地传感器锁定"和"测量精度损失"。

这里的"就地传感器锁定"概念,是指传感器将在某一未知时间t_f,其测量值始终保持在某个数量值的情况,并且,传感器将不会再提供所要测量变量的当前值,这可以表达为

$$y_{i,k} = y_{i,t_f} = \text{const}, \forall k > t_f \tag{1-10}$$

可能是这样一种情况,比如,如果纵向传感器被卡住,就无法再跟随过程活动。

如果是传感器的测量精度下降,则就是上述的第二个概念"测量精度损失":

$$y_{i,k} = k_i y_{i,k}^c, \forall k > t_f \tag{1-11}$$

式中,$y_{i,k}^c$ 表示要测量变量的真实值,而 k_i 显然不等于 0。例如,如果电传感器的连接被腐蚀,则导致所不希望的电阻值变化。在某些应用中,例如,在汽车技术中,通过与总线系统(CAN 总线、无线、以太网…等)的连接,传感器都配置了集成式的诊断系统。这就可以指示出传感器故障。

也可以根据故障随时间的变化行为来区分故障。其中,永久性故障可以从上述变化曲线出现突变来确认,突变意味着系统物理参数或系统结构的永久性变化。漂移状故障通常会随着时间的流逝而逐渐发展,可以以缓慢演化的故障形式观察到。而间歇性故障是指持续性、短时间内出现的故障。但是,这些故障仍可能造成长期性的影响,例如,由于系统负载过大,执行器透支。图 1-5 概述了不同的故障类型。

现代控制系统理论中有一个通用的理论,它提供了解决各种故障的可能性(图 1-6)。

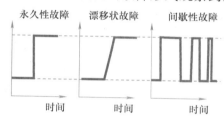

图 1-5 故障类型(随时间变化的行为)

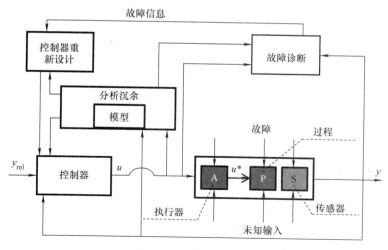

图 1-6 现代控制系统

上述这种方案的主要组成，可以说是一个带有执行器、过程动力学和传感器的可控系统。所有组成部分都要受到所谓的未知输入影响。这种未知的输入能测量和处理噪声，以及抵抗外部对系统的干扰。基于模型和分析型冗余故障诊断方法，都可用于主动容错控制。在这种情况下，所观察到的数学模型与原始系统之间的不匹配，可以考虑将其用于故障诊断。这种不匹配可用于确定所存在的故障、发生的位置、所属的类型，及其规模和原因，即故障检测、故障隔离和故障识别。

故障诊断的第一项任务就是故障检测。首先要生成检测信号，又称为残差（Residuals），它可以描述和反映实际数据（来自受控系统传感器的读数）和相应的诊断模型（分析性冗余）之间的一致性。通常，残差被定义为系统的输出值与数学模型估算值之间的差异。借助这些残差，就可以确定系统是否仍在正常条件下（如果发生一个或多个故障）运行。

故障诊断的第二项任务就是评估残差，又称为故障隔离。既要对检测到的残差进行逻辑分析，以发现故障发生的时间和具体位置，即哪个执行器或传感器出现了问题，或者哪个过程的特征由于故障而发生了变化。

在第三项任务中，故障识别要确定所出现故障的类型、规模大小和发生原因。在此，经常可以使用人工智能的分类技术，例如，动态神经网络或深度学习。图1-7概括总结了故障诊断的任务内容。

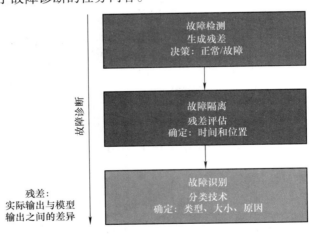

图1-7 故障诊断的任务内容

1.1 时间连续过程的容错控制

顾名思义，连续性事件系统（CES）就是具有连续性状态的系统，即随时间的进展，系统特性发生连续性变化，例如，储存罐中的液体容量或者电动机的温度。这样的系统可以用式（1-1）和式（1-2）来描述。

可以使用系统行为 B（图 1-8）为此类系统建立数学模型，行为 B 是所有输入/输出（I/O）对的集合，这可适用于各自的系统。对于静态式单输入单输出（Single – Input – Single – Output）系统，系统行为 B 可以由（I/O）曲线表示。而对于多输入多输出（Multi – Input – Multi – Output）系统，其行为可以由向量对 $\{u, y\}$ 集合来映射。因为这种表达方式对于动态系统是不适用的，所以，可以从向量函数对 $\{u(t), y(t)\}$ 集合中，选择出一个集合来表示。通常，在出现故障 f_i 的情况下，系统的行为 B_{fi} 与正常情况下的标定行为 B_0 不同。图 1-8 所示为系统标定行为和故障行为。

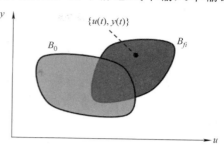

图 1-8　系统标定行为和故障行为

通过用一组变量 $z_i \in Z$ 和一组约束 $c_i \in C$ 将这些变量相互联系起来，就可以建立一个分析模型来描述系统行为。在动态系统的情况下，约束 c_i 可能建立了变量 z 与它们的时间导数之间的关系。一个故障系统可以用四种类型的变量来描述：未知状态 $x \in X$、输入 $u \in U$、输出 $y \in Y$ 和故障 $f \in F$：

$$Z = X \cup U \cup Y \cup F \tag{1-12}$$

其中，已知变量可以描述为

$$K = U \cup Y \tag{1-13}$$

约束可以用以下形式描述：

$$c_i : 0 = h_i(x, u, y, f) \tag{1-14}$$

式中，h_i 是标量函数：

$$var : 2^C \rightarrow 2^Z \tag{1-15}$$

这一映射建立起一组约束与在这些约束中出现的变量之间的关系。

可用与约束集合 C 不矛盾的一个元组（$x \in X$，$u \in U$，$y \in Y$）来描述系统运行中的一个操作点。这样一组操作点可以称为"操作区域"。该约束集合 C 内，包含一个定性式故障模型，利用该模型 f_i 就可定义故障值。按照惯例，$f_i = 0 \forall i$，在其标定场合上有效。

对于时间连续系统，另一种建模可能性，就是所谓结构型模型或结构图。结构图就是对输入之间物理耦合、内部变量（例如，状态变量）和动力系统的输出，进行定性的描述。按图论的定义，这样一个结构图是二分图：

$$G = (Z \cup C, E) \tag{1-16}$$

这种结构图具有两种顶点，它们分别表示变量（Z）或约束（C）。在这种情况下，变量 z_j 由约束 c_i 表示，图中还建立了顶点 c_i 与顶点 z_j 之间的一个无向边 $e \in E$。可以用其相应邻接矩阵 M 来表示图。在该矩阵中，如果在 c_i 与 z_j 之间存在边的关系，则矩阵中的第 i, j 个元素 m_{ij} 的值等于"1"。这可以通过以下方式描述：

$$m_{ij} = \begin{cases} 1, z_j \in var(\{c_i\}) \\ 0, z_j \notin var(\{c_i\}) \end{cases} \tag{1-17}$$

对于这种系统，就有可能针对两种不同类型进行诊断。基于系统的行为，可以检查其一致性。另外，基于这一已知条件，即约束 C 是系统物理模型方程的集合，就可以断定系统是否出现了故障，如果所测量的一个 I/O 对 $\{u(t), y(t)\}$ 不属于标定的行为 B_0，即与模型 C 相矛盾。但是，如果测量的这个 I/O 对与模型中的 C_{fi} 相互矛盾，就可以对某个故障 f_i 给予确认，并且假设这只是一个单一故障，如果系统不能诊断到 f_i（故障识别），即该故障不会出现在系统中。

第二种诊断依赖于对结构图的结构分析。对此，有一种重要的方法，它由 Krysander 等人开发，一种所谓发现过度约束的子系统的算法。他们定义了一个方程组 M，而在结构上是所谓超定的，即方程组内等式数量多于其未知数，如果 M 的方程式多于其未知变量，并且定义：一个结构式的超定集合是"最小结构上超确定性"（Minimal Structurally Overdetermined，MSO）集合，条件是如果没有合适的子集是结构上的超定集合。例如，仔细观察所产生的 MSO，就可用于识别结构上不可检测的故障，以及结构上不可分离的故障。

通常，连续性过程可由时间上的连续变量来描述，即机械、电气、电磁、液压物理系统，都属于此类。可以在参考文献中找到几种对连续过程进行建模和仿真的方法。传统上，对这些复杂过程的分析，可采用不同的数学方法进行描述，这包括微分代数方程（DAE）、常微分方程（ODE）或偏微分方程（PDE）。

但是，对于大多数复杂系统而言，求解这些方程非常困难或无法求解。因此，通常建议采用为离散性事件系统所开发的描述性方法（比较第 1.2 节）。

1.2 离散性事件系统的容错控制

一个离散性事件系统（DES）是由瞬时（有时甚至是突发）事件驱动的动态系统。离散性事件系统的状态转变被视为是物理现象，导致系统状态发生变化。通常，可以模拟系统的离散事件，它的状态是离散性的，在特定时间点发生变化，然后在一段时间内保持该状态。系统性的离散事件方法已经被认为是很有前途的系统框架，因为对于大型和复杂系统，这种事件的驱动模型显得尤为重要。目前，现有的详细理论允许针对这类离散事件，系统地设计相应的诊断系统，而且计算效率很高，即使对于很复杂的系统，也可以进行在线诊断。

有关系统建模和模拟离散性事件，这类文献的数量正在不断增长。比较著名的方法包括基于鲁棒 $H\infty$ 的方法、模糊逻辑方法、概率有限自动机方法、佩特里（Petri）网、多智能体系统，以识别间歇性和永久性故障之间的区别。另外，还有用于创建、验证和合成离散性事件系统的方法，例如，Supremica 或 UltraDES。近几年来，在引入的"混合系统"概念下，也对连续和离散组合式事件模拟进行了深入研究。一些研究计划涉及离散性事件系统的故障诊断,这可以分为基于佩特里网和基于自动机的方法。Giua 和 Silva 给出了基于佩特里网方法的最新总结概述。对于基于佩特里网的方法,整数线性规划和某些可观察到的佩特里网方法,已被用于避免系统的复杂性。另外,基于 N 维可诊断性,最近已有关于自动方法的计算优势的报道。

一个动态系统的有效状态和时间性能都需要相应的模型框架。在其中,复杂的系统,如同 Cassandras 等人进行的描述,他们通过合并离散状态系统和事件驱动系统,介绍了一类特殊的"离散性事件系统"(DES)。这一事件驱动系统基于事件本身的概念。事件被认为是在瞬间发生的,并引起系统的状态值从一个到另一个的转变。离散性事件系统的状态转换说明了一种物理现象,导致相应的系统状态发生了相应的变化。例如,在通信协议中,比较典型的事件通常为"超时""已接收数据包""已发送数据包",而在制造系统中,相关的事件为"机器故障""机器维修""零件已接受"等。

在很多工业技术领域,都存在离散性事件系统,并且在每个领域中,涉及不同的系统行为和所要考虑的因素,这都导致了研发各种离散性事件系统模型。实际上,可以通过"有限状态自动机"(FSA)、扩展状态机、佩特里网、事件图、形式化语言、广义半马尔可夫过程以及非线性编程,对离散性事件系统进行建模。为了将离散性事件系统的行为限制在所期望的范围内,就需要引入所谓监督控制理论,这一理论已经在若干种情况下,进行过了深入的研究。这里重要要说明的是,离散性事件系统可以专门用来处理传统性的状态转换,即没有不确定性的过程。但是在实践中,很容易发现,系统状态转换可能不精确、不确定,甚至出现不清楚的情况。如果要解决这种问题,例如,可采用近来研究开发出的一种方法,即将传统离散性事件系统扩展到模糊性的方法。值得一提的是,此类系统已成功地应用在通信系统、网络系统、制造系统和自动交通系统。还应强调的是,在常规代数中,描述离散性事件系统的模型始终是非线性的。但是,可能会定义这样一类离散性事件系统,通常称为极大正线性离散性事件系统,这种系统是一种无并行或选择性的同步系统。对此类离散性事件系统,可以使用极大加代数,由线性模型描述。这一事实已在应用中得到证明,它不是非常传统的方法,可用于对复杂系统进行建模(图1-9)。

极大加(max,+)的代数结构(R_{max},$\oplus$,$\otimes$),可用以下方程式定义:
$\mathbb{R}_{max} = \mathbb{R} \cup \{-\infty\}$

$$\forall_{a,b \in \mathbb{R}_{max}} a \oplus b = max(a,b)$$

$$\forall_{a,b \in \mathbb{R}_{max}} a \otimes b = a + b$$

$$\forall_{a,b \in \mathbb{R}_{max}} a \otimes (-\infty) = (-\infty) \otimes a = (-\infty)$$

式中,$\mathbb{R}$ 表示实数字段。用上面的运算符,连同它们的向量/矩阵扩展名,就可以

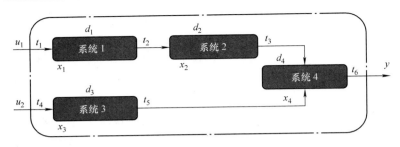

图 1-9　复杂系统示例

状态空间形式描述一个复杂的系统：

$$x(k+1) = A \otimes x(k) \oplus B \otimes u(k) \tag{1-18}$$

$$y(k) = C \otimes x(k) \tag{1-19}$$

式中，索引 k 是事件计数器，而：

- $x(k) \in \mathbb{R}_{max}^{n}$ 是一个状态向量，第 k 个事件的计数器，记录内部事件的出现时刻。
- $u(k) \in \mathbb{R}_{max}^{r}$ 是一个向量，第 k 个事件的计数器，记录输入事件发生的时刻。
- $y(k) \in \mathbb{R}_{max}^{m}$ 是一个向量，第 k 个事件的计数器，记录输出事件发生的时刻。

系统矩阵为 $A \in \mathbb{R}_{max}^{n \times n}$、$B \in \mathbb{R}_{max}^{n \times r}$ 和 $C \in \mathbb{R}_{max}^{m \times n}$。相对当前较为流行的建模框架，例如，佩特里网，极大加代数框架是它可以用于分析复杂系统的基本属性，预测其未来的行为，并在线综合其控制策略。这样，就可以为极大正代数系统设计有效的控制策略，例如，"模型预测控制"（MPC），它考虑了系统性能指标和与其所有相关变量的约束。

此外，上述模型预测控制框架还可以进一步扩展，以应对矩阵 A、B 和 C 中参数的不确定性。有了对这种复杂系统的描述，就可以深入到各个子系统，尽早发现子系统的故障，对其进行适当的维护，这就有助于避免整个系统停机、中断，甚至造成人员伤亡和财产损失。因此，子系统执行器、传感器的故障估计问题，以及容错控制设计，就构成了复杂系统框架的重要组成部分。容错控制并不能改变一个工厂车间内组件的可靠性，但它具有提高整体可靠性的能力，因为容错控制使子系统即使在发生故障后，也仍能保持其功能。

在工业组装过程中，这种复杂系统的目的可能是处理半成品，以获得最终产品。图 1-9 就示例性地描绘了这样一个复杂系统。

重要的是，要强调第 i 个子系统，应在 x_i 时刻开始运行，并应在 d_i 时间内完成任务。完成此类任务是启动后续子系统（比如，子系统 1 和子系统 2）任务的必要条件。这种反复行为是根据预定的时间表 x_i^r 执行的，该时间表描述了所有 x_i 的期望演化。还应该注意的是，u_i 是处理半产品的时间，以实现进入第 i 个子系统（比较子系统 1 和子系统 3）。在这种情况下，t_i 是在子系统之间传递预处理产品的时间。

最后，y表示最终产品可供进一步使用的时间。可以在各个行业中观察到这种典型情况。此外，每个子系统由执行器、传感器和本身的功能过程组成，而v、z、s分别代表其输入、状态和输出（比较图1-10）。

图1-10 子系统结构

因此，这些组件的性能对于整个复杂系统也是至关重要的。过去，大量的研究工作都集中在基于计算机技术，进行传感器和执行器的故障诊断设计。但是，这类方案的设计，仅旨在补偿传感器和执行器故障的影响，而且是通过执行相适应的容错控制操作。可以将此类策略视为故障后处理策略。而当今的方法旨在创建主动性策略（参考第1.5节）。

1.3 故障识别：主动式容错控制基本工具

故障识别的主要任务就是确定故障的类型、规模大小和发生原因。一个有故障的系统可用式（1-20）和式（1-21）表示：

$$x_{f,k+1} = Ax_{f,k} + \sum_{i=1} A_{f,i} f_{p,i,k} x_{f,k} + Bu_{f,k} + L_1 f_{A,k} \quad (1-20)$$

$$y_{f,k+1} = Cx_{f,k+1} + L_2 f_{S,k} \quad (1-21)$$

式（1-20）和式（1-21）中，$x_{f,k} \in \mathbb{R}^n$是相应系统的状态，$y_{f,k} \in \mathbb{R}^m$是一个系统的输出，$u_{f,k} \in \mathbb{R}^r$是该系统的输入，$A_{f,i}$是第i个过程中出现故障的分布矩阵，$f_{p,i} \in \mathbb{R}_p^n$，其中$f_p$是故障的数目，$f_{A,k} \in \mathbb{R}^s (s \leq m)$是执行器故障向量，$L_1$是第$i$个执行器的故障分布矩阵，也可以假定是已知的，$f_{S,k} \in \mathbb{R}^t (t \leq m)$是传感器故障向量，$L_2$是第$i$个传感器的故障分布矩阵，也可以假定它是已知的。

Dziekan等人提出了一种执行器故障的简单识别方法。他们使用故障状态$\hat{x}_{f,k}$的估算值，以进行执行器故障估算$\hat{f}_{A,k}$和相关的估算误差。Buciakowski等人提出一种方法，它使用较少限制性假设，主要是讨论干扰性质，这将影响到诊断系统及其模型的不确定性。对于过程性故障，Pazera和Witczak提出了一种过程故障推断器（Process Fault Estimator），它基于二次有界方法，可同时进行状态和过程故障估测。为了评估传感器故障，Pazera等人提出了一种方法，基于Takagi - Sugeno的$H\infty$故障估计器，它可以同时估计执行器和传感器故障。

现在，经常使用基于"人工智能"的分类技术，例如，动态神经网络或深度学习。还有其他方法，比如，时频域方法，并结合特征提取、故障特征"乘积函数熵"（PFC）、"最小二乘支持向量机"（Least Square Support Vector Machine）和

D－S 论证理论。

1.4 容错控制器

在研究开发容错控制器时,需要区分被动式或主动式容错控制两种不同的情况(图 1-3)。就被动式容错控制器而言,它的设计要能够确保在一个闭环系统中,满足所有可允许的不确定性和故障,以及所提出的给定性要求。而主动容错控制器使用故障检测与隔离的结果,并在出现故障时,更改控制器的参数或配置。

目前,比较著名的研究方法都涉及重构方案问题。容错机制是通过重新配置系统和/或控制器来实现的,在确定故障以后,如果观察到系统性能下降,则通过在实时条件下重新配置控制系统的各个部分,以恢复系统的整体性能(可能达到可接受的程度)。这是控制工程领域的一个新挑战。

在过去的几年中,已经报道了许多容错控制方法,其中大多数已开发实现,并应用于某些特殊应用场合。作为结果,容错控制系统通常是由故障检测与隔离系统(FDI)支持的一组控制器构成。其结构是一个基于逻辑开关的控制器,附带有一组控制器,如图 1-11 所示。

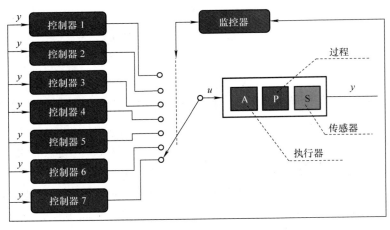

图 1-11 基于逻辑开关的控制器结构

在过去的几年中,许多研究方法都专注于主动式容错控制器。Yang 等人的研究是标定控制器的设计和基于合成 $H\infty$ 鲁棒控制器的故障适应控制器。在这种情况下,假定故障是来自传感器输入的附加干扰,而引入的不确定性。

Kahlili 等进行了对多智能体系统的容错控制器开发。在他们的工作中,每个代理器各自处理一个局部容错控制方案,这其中包括故障诊断模块和可配置控制器模块,可配置控制器模块由基线控制器和两个自适应性容错控制器组成,在发生故障时，就进入工作状态。Han 等提出了一种容错控制器，基于模糊降阶状态/故障估计观测器，进行系统状态、传感器、过程和执行器故障推测，这样可以补偿故障的影响，并确保闭环系统的鲁棒稳定性。

尽管当前有这些研究活动，但是仍可以明显地观察到，始终还缺乏容错控制技术框架，以便在此基础上，进行容错控制系统设计。

1.5 故障预测

"剩余使用寿命"（见第 1.2 节）的估算，可用于预测系统组件的"平均故障时间"（MTTF），以便以延长平均故障时间的方式，来控制和维护系统。至今，已进行了非常广泛的研究，旨在开发剩余使用寿命的估计性算法，这可参见有关文献。图 1-12 列出了典型的系统组件衰退行为，以及相应的剩余使用寿命退化模型。

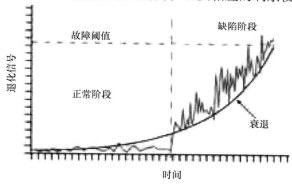

图 1-12　衰退建模

因此，一个子系统的剩余使用寿命定义为，从当前时间开始到使用寿命结束（即超过故障阈值的时间点），这期间的时间长度。近年来，对系统退化和衰老机制，均已进行了许多深入研究。为了确定子系统的剩余使用寿命，就必须提供几个信息来源。对此，基于 Sikorska 等人（详见参考文献）的思维方式，可提出以下若干问题：

- 子系统是否处于已衰退状态？
- 哪种条件引发了衰退？
- 退化的严重程度如何，子系统的行为是否处于其特定的衰退曲线上？
- 子系统预定的退化发展，从当前状态到功能性故障，其发展速度有多快？
- 哪些新故障的事件会缓解，或加速所预期的退化行为？
- 其他因素如何影响剩余使用寿命的估算？

一个估算剩余使用寿命的系统性方法，就是将两个新的步骤补充到已知的诊断方法中（图 1-13）。

在第四个阶段，即剩余使用寿命预测时，可以进一步分成四个子步骤，如

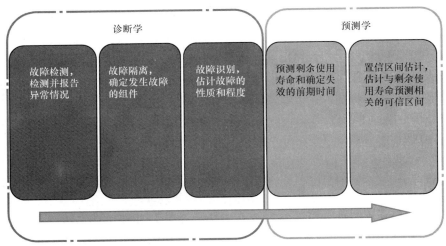

图1-13 诊断-预测步骤

如图1-14所示,这是Lei等人过去在对大型机械设备状态进行预测后所提出的做法。

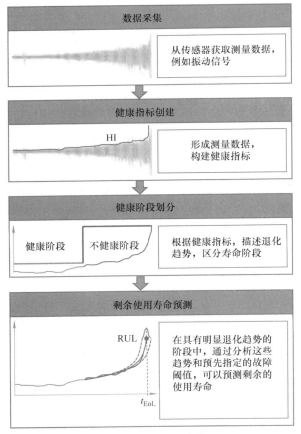

图1-14 四个子步骤

这四个步骤或技术过程，就是数据采集、健康指标（HI）创建、健康阶段（HS）划分，以及剩余使用寿命（RUL）预测。最初，系统从传感器获取测量数据（例如，振动信号）以监视系统的健康状况。接着，使用信号处理或人工智能技术创建系统的健康指标，以明确地描述系统的健康状况。然后，根据健康指标的变化趋势，将系统的整个寿命分为两个或多个不同的健康阶段。最终，对呈现明显下降趋势的健康阶段，可以使用趋势分析和预先指定的"故障阈值"（FT）来预测剩余使用寿命。

详细来讲，第一步，数据采用，这主要是从安装在系统中的各种传感器，捕获（测量）数据的过程。通常，使用各种（有时是冗余的）传感器，采集和捕获系统的当前状态，测量相关的系统退化参数。尽管很有必要采取这一步骤，但这仍不是这一步骤的研究重点。还有一个问题，就是如何设计系统布局，以便将传感器放置在最佳的工作位置，以简化测量和数据采集，这些至今还尚未详细探讨。

对于第二步（创建健康指标），可以有两种策略：第一种是基于物理健康指标，这直接涉及故障的物理现象，而第二种是虚拟健康指标，它是由传感器数据汇合而产生的，这已经与物理现象失去了直接的联系。

第三步，即健康阶段的划分，其主要目标就是将系统所出现的衰退过程，或多或少地划分成几个连续性的阶段，这就可显示出系统健康状态发展的某种趋势。在某些情况下，要对系统的整体衰退行为进行合理的描述，这最多只需要三个阶段（健康阶段、退化阶段、关键阶段），比如，可能有这类情况出现，即所谓自我修复机制，系统退化的发展是"增加-减少-增加-增加"的形式。

第四步，剩余使用寿命预测，就是尝试预测系统剩余功能时间量，直到系统超过故障阈值为止，多年以来，这一直引起众多研究项目的关注。但是，目前的解决方案都是导致子系统数量的增加，而造成系统更加复杂。所以，这些研究活动尚未成为重点。

通常，应该首先确定一般性的研究目标，制定研究合作策略，以达到复杂系统预测的目标，这可通过优化开发和监控子系统来实现。可以采用一个双层策略来应对这一挑战。这一策略的系统结构，如图1-15所示。

可以观察到，第i个子系统被赋予预定的开始时间x_i和d_i。为检验所实现的结果，对实际的性能参数进行了测量，即x_i^m和d_i^m。这里重要的是要注意它们通常与预定值不同。这种差异的大小取决于子系统组件（即执行器和传感器）的健康效率指标。因此，关键部分是底层传感器和执行器故障估计策略，它要提供区间性的故障评估值，以描述其不确定性。基于这些故障估计，可执行适当的容错控制操作，以避免第i个子系统发生故障。虽然从观察者的角度看，例如，传感器s的测量值可以（在某种程度上）由其估算值所代替，但执行器不能以相同的方式更换。因此，执行器故障估计可被用作退化信号（比较图1-13）以建立退化模型。随后，该模型可用于预测第i个子系统的剩余使用寿命。其顶层结构如图1-16所示。

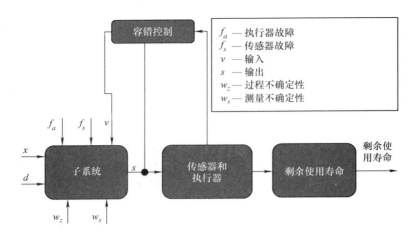

图 1-15　第 i 个子系统的底层结构

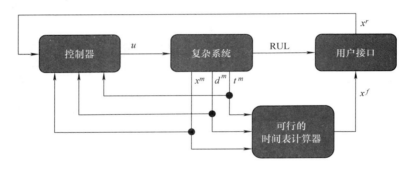

图 1-16　顶层结构

这里，可行时间表计算器的目的，是基于复杂系统的行为，需要测量的实际性能参数，以获得最快的时间表 x^f。可将这一信息，连同所有子系统的剩余使用寿命向量，一起提供给系统的用户界面。考虑到对要给定子系统的时间表要求更高，它的剩余使用寿命要更低（过早利用），用户可能会减慢其进展速度。最终，一个新的时间表 x^r 被提供给复杂系统的控制器，该控制器计算出半产品的交付时间 u_i。因此，可以有意识地选择时间表，这就可以增加子系统的剩余使用寿命。

1.6　小结

在本章中，着重介绍和解释了容错控制技术的主要方面和组成部分。请务必注意，这里增加了两个预测步骤，这就有可能意识到即将发生的故障，而且，就可能制定调度策略，它将延长复杂系统的剩余使用寿命。

参 考 文 献

1. Abrams, M., Doraswamy, N., Mathur, A.: Visual analysis of parallel and distributed programs in the time, event, and frequency domains. IEEE Trans. Parallel Distrib. Syst. **3**(3), 672–685 (1992)
2. Alves, L.V.R., Martins, L.R.R., Pena, P.N.: Ultrades - a library for modeling, analysis and control of discrete event systems. IFAC PapersOnLine **50**(1), 5831–5836 (2017)
3. Attoui, I., Fergani, N., Boutasseta, N., Oudjani, B., Deliou, A.: Structural reliability analysis with imprecise random and interval fields. J. Sound Vib. **397**, 241–265 (2017)
4. Baccelli, F., Cohen, G., Olsder, G.J., Quadrat, J.P.: Synchronization and linearity: an algebra for discrete event systems. J. Oper. Res. Soc. **45**, 118–119 (1994)
5. Balemi, S.: Input/output discrete event processes and communication delays. Discret. Event Dyn. Syst. **4**(1), 41–85 (1994)
6. Bandyopadhyay, S., Bhattacharya, R.: Discrete and Continuous Simulation: Theory and Practice. CRC Press, Boca Raton (2017)
7. Barre, A., Deguilhem, B., Grolleau, S., Gerad, M., Suard, F., Riu, D.: A review on lithium-ion battery ageing mechanisms and estimations for automotive applications. J. Power Sources **241**, 680–689 (2013)
8. Blanke, M., Kinnaert, M., Lunze, J., Staroswiecki, M.: Diagn. Fault-Toler. Control. Springer, New York (2016)
9. Buciakowski, M., Witczak, M., Mrugalski, M., Theilliol, D.: A quadratic boundedness approach to robust dc motor fault estimation. Control Eng. Pract. **66**, 181–194 (2017)
10. Butkovic, P.: Max-Linear Systems: Theory and Algorithms. Springer, Berlin (2010)
11. Cassandras, C.G., Lafortune, S.: Introduction to Discrete Event Systems. Springer, Berlin (2008)
12. Chen, X., Xing, H.: Nonblocking check in fuzzy discrete event systems based on observation equivalence. Fuzzy Sets Syst. **269**, 47–64 (2015)
13. de Schutter, T., van den Boom, T.: Model predictive control for max-plus-linear discrete event systems. Automatica **37**(7), 1049–1056 (2001)
14. Debouk, R., Lafortune, S., Teneketzis, D.: On the effect of communication delays in failure diagnosis of decentralized discrete event systems. Discret. Event Dyn. Syst. Theory Appl. **13**(3), 263–289 (2003)
15. Dotoli, M., Fanti, M., Mangini, A., Ukovich, W.: On-line fault detection in discrete event systems by Petri nets and integer linear programming. Automatica **45**(11), 2665–2672 (2009)
16. Ducard, G.: Fault-tolerant Flight Control and Guidance Systems: Practical Methods for Small Unmanned Aerial Vehicles. Springer, Berlin (2009)
17. Dziekan, L., Witczak, M., Korbicz, J.: Active fault-tolerant control design for Takagi-Sugeno fuzzy systems. Bull. Pol. Acad. Sci. Tech. Sci. **59**(1), 93–102 (2011)
18. Farias de Santos, C.H., Cardozo, D.I.K., Polycarpou, M., Parisini, T., Cao, Y.: Bank of controllers and virtual thrusters for fault-tolerant control of autonomous underwater vehicles. Ocean Eng. **121**, 210–223 (2016)
19. Fu, Y., Jia, L., Qin, Y., Yang, J.: Product function correntropy and its application in rolling bearing fault identification. Measurements **97**, 88–99 (2017)
20. Gao, Z., Cecati, C., Ding, S.X.: A survey of fault diagnosis and fault-tolerant techniques part I: fault diagnosis with model-based and signal-based approaches. IEEE Trans. Ind. Electron. **62**(6), 3757–3767 (2015)
21. Giua, A., Silva, M.: Modeling, analysis and control of discrete event systems: a petri net prespective. IFAC PapersOnLine **50**(1), 1772–1783 (2017)
22. Grastien, A., Trave-Massuyes, L., Puig, V.: Solving diagnosability of hybrid systems via abstraction and discrete event techniques. IFAC PapersOnLine **50**(1), 5023–5028 (2017)
23. Guanqian, D., Jing, Q., Guanjun, L., Kehong, L.: A discrete event systems approach to discriminating intermittent from permanent faults. Chin. J. Aeronaut. **27**(2), 390–396 (2014)
24. Han, J., Zhang, H., Wang, Y., Liu, X.: Robust state/fault estimation and fault tolerant control for ts fuzzy systems with sensor and actuator faults. J. Frankl. Inst. **353**, 615–641 (2016)
25. Heng, A., Zhang, S., Tan, A.C.C., Mathew, J.: Rotatin machinery prognostics: state of the art,

challenges and opportunities. Mech. Syst. Signal Process. **23**, 724–739 (2009)
26. Hillion, H.P., Proth, J.M.: Performance evaluation of job-shop systems using timed event-graphs. IEEE Trans. Autom. Control **34**(1), 3–9 (1989)
27. Isermann, R.: Fault Diagnosis Systems. An Introduction from Fault Detection to Fault Tolerance. Springer, New York (2006)
28. Isermann, R.: Fault Diagnosis Applications: Model Based Condition Monitoring, Actuators, Drives, Machinery, Plants, Sensors, and Fault-Tolerant Systems. Springer, Berlin (2011)
29. Jiang, Y., Qinglei, H., Ma, G.: Gearbox fault identification and classification with convolutional neural network. Shock Vib. **2015**(390134), 1–10 (2015)
30. Johansen, T.A., Fossen, T.I.: Control allocation a survey. Automatica **49**(5), 1087–1103 (2013)
31. Kahlili, N., Zhang, X., Polycarpou, M., Parisini, T., Cao, Y.: Distributed adaptive fault-tolerant control of uncertain multi-agent systems. IFAC-PapersOnLine **48–21**, 66–71 (2015)
32. Kan, M.S., Tan, A.C.C., Mathew, J.: A review on prognostic techniques for non-stationary and non-linear rotating systems. Mech. Syst. Signal Process. **62–63**, 1–20 (2015)
33. Keroglu, C., Hadjicostis, C.: Detectability in stochastic discrete event systems. In: 12th IFAC/IEEE Workshop on Discrete Event Systems, pp. 27–32 (2014)
34. Korbicz, J., Kościelny, J., Kowalczuk, Z., Cholewa, W. (eds.): Fault Diagnosis. Models, Artificial Intelligence, Applications. Springer, Berlin (2004)
35. Krysander, M., Aslund, J., Nyberg, M.: An efficient algorithm for finding minimal overconstrained subsystems for model-based diagnosis. IEEE Trans. Syst. Man Cybern. **38**(1), 197–206 (2008)
36. Kumar, R., Garg, V.K.: Modeling and Control of Logical Discrete Event Systems, vol. 300. Springer Science and Business Media, Berlin (2012)
37. Lamperti, G., Zanella, M.: Flexible diagnosis of discrete-event systems by similarity-based reasoning techniques. Artif. Intell. **170**(3), 232–297 (2006)
38. Lee, J., Wu, F., Zhao, W., Ghaffari, M., Liao, L., Siegel, D.: Prognostics and health management design for rotary machinery systems - reviews, methodology and applications. Mech. Syst. Signal Process. **42**, 314–334 (2014)
39. Lefebvre, D.: On-line fault diagnosis with partially observed petri nets. IEEE Trans. Autom. Control **59**(7), 1919–1924 (2015)
40. Lei, Y., Li, N., Guo, L., Li, N., Yan, T., Lin, J.: Machinery health prognostics: a systematic review from data acquisition to RUL prediction. Mech. Syst. Signal Process. **104**, 799–834 (2018)
41. Lin, F., Wang, L.Y., Chen, W., Han, L., Shen, B.: N-diagnosability for active on-line diagnosis in discrete event systems. Automatica **83**, 220–225 (2017)
42. Liu, F., Dziong, Z.: Decentralized diagnosis of fuzzy discrete-event systems. Eur. J. Control **3**, 304–315 (2012)
43. Liu, J., Li, Y.: The relationship of controllability between classical and fuzzy discrete-event systems. Inf. Sci. **178**(21), 4142–4151 (2008)
44. Mahmoud, M., Jiang, J., Zhang, Y.: Active Fault Tolerant Control Systems: Stochastic Analysis and Synthesis. Springer, Berlin (2003)
45. Mahulkar, V.V.: Structural technology evaluation and analysis program (STEAP) Delivery order 0037: prognosis-based control reconfiguration for an aircraft with faulty actuator to enable performance in a degraded state. United States Air Force, 2010
46. Majdzik, P., Akielaszek-Witczak, A., Seybold, L., Stetter, R., Mrugalska, B.: A fault-tolerant approach to the control of a battery assembly system. Control Eng. Pract. **55**, 139–148 (2016)
47. Malik, R., Akesson, K., Flordal, H., Fabian, M.: Supremicaan efficient tool for large-scale discrete event systems. IFAC PapersOnLine **50**(1), 5794–5799 (2017)
48. Noura, H., Sauter, D., Hamelin, F., Theilliol, D.: Fault-tolerant control in dynamic systems. Application to a winding machine. IEEE Control Syst. Mag. **20**(1), 33–49 (2000)
49. Noura, H., Theilliol, D., Ponsart, J., Chamseddine, A.: Fault-Tolerant Control Systems: Practical Applications. Springer, Berlin (2013)
50. Park, S.J., Cho, K.H.: Delay-robust supervisory control of discrete-event systems with bounded communication delays. IEEE Trans. Autom. Control **51**(5), 911–915 (2006)
51. Pazera, M., Witczak, M.: Towards robust process fault estimation for uncertain dynamic systems. In: Proceedings of the 21st International Conference on Methods and Models in Automa-

tion and Robotics (MMAR) (2016)
52. Pazera, M., Witczak, M., Buciakowski, M., Mrugalski, M.: Simultaneous estimation of multiple actuator and sensor faults for Takagi–Sugeno fuzzy systems. In: Proceedings of the 22nd International Conference on Methods and Models in Automation and Robotics (MMAR) (2017)
53. Ramadge, P.J.G., Wonham, M.W.: Supervisory control of a class of discrete event processes. SIAM J. Control Optim. **62**(6), 206–230 (1987)
54. Sahner, R.A., Trivedi, K., Puliafito, A.: Performance and Reliability Analysis of Computer Systems: An Example-based Approach Using the SHARPE Software Package. Springer Science and Business Media, Berlin (2012)
55. Seatzu, C., Silva, M., van Schuppen, J.: Control of Discrete-Event Systems. Lecture Notes in Control and Information Sciences, vol. 433. Springer, Berlin (2012)
56. Seybold, L., Witczak, M., Majdzik, P., Stetter, R.: Towards robust predictive fault-tolerant control for a battery assembly system. Int. J. Appl. Math. Comput. Sci. **25**(4), 849–862 (2015)
57. Si, X.-S., Wang, W., Hu, C.-H., Zhou, D.-H.: Remaining useful life estimationa review on the statistical data driven approaches. Eur. J. Oper. Res. **213**(1), 1–14 (2011)
58. Sikorska, J.Z., Hodkiewicz, M., Ma, L.: Prognostic modelling options for remaining useful life estimation by industry. Mech. Syst. Signal Process. **25**, 1803–1836 (2011)
59. Stetter, R., Witczak, M.: Degradation modelling for health monitoring systems. In: Proceedings of the Conference of Advanced Control and Diagnosis ACD 2014 (2014)
60. Tabatabaeipour, S.M.: Fault Diagnosis and Fault Tolerant Control of Hybrid Systems. Aalborg University, Aalborg (2010)
61. Takai, S., Kumar, R.: Distributed failure prognosis of discrete event systems with bounded-delay communications. IEEE Trans. Autom. Control **57**(5), 1259–1265 (2012)
62. Theilliol, D., Cedric, J., Zhang, Y.: Actuator fault tolerant control design based on a reconfigurable reference input. Int. J. Appl. Math. Comput. Sci. **18**(4), 553–560 (2008)
63. Tripakis, S.: Decentralized control of discrete-event systems with bounded or unbounded delay communication. IEEE Trans. Autom. Control **49**(9), 1489–1501 (2004)
64. Ungermann, M., Lunze, J., Schwarzmann, D.: Test signal generation for service diagnosis based on local structural properties. Int. J. Appl. Math. Comput. Sci. **22**(1), 55–65 (2012)
65. Varga, A.: Solving Fault diagnosis Problems. Linear Synthesis Techniques. Springer, Berlin (2017)
66. Wainer, G.A., D'Abreu, M.C.: Using a discrete-event system specifications (DEVS) for designing a modelica compiler. Adv. Eng. Softw. **79**(1), 111–126 (2015)
67. Williams, T., Ribadeneira, X., Billington, S., Kurfess, T.: Rolling element bearing diagnostics in run-to-failure lifetime testing. Mech. Syst. Signal Process. **15**(5), 973–993 (2001)
68. Witczak, M.: Modelling and Estimation Strategies for Fault Diagnosis of Non-linear Systems. Springer, Berlin (2007)
69. Witczak, M.: Fault Diagnosis and Fault-Tolerant Control Strategies for Non-linear Systems. Analytical and Soft Computing Approaches. Springer, Berlin (2014)
70. Yan, F., Dridi, M., El Moundi, A.: An autonomous vehicle sequencing problem at intersections: a genetic algorithm approach. Int. J. Appl. Math. Comput. Sci. **23**(1), 183–200 (2013)
71. Yang, S.S., Chen, J., Mohamed, H.A.F., Moghavvemi, M.: Sensor fault tolerant controller for a double inverted pendulum system. In: Proceedings of the 17th World Congress The International Federation of Automatic Control, pp. 2588–2594 (2008)
72. Yin, N., Xing, J., Liu, Y., Li, Z., Lin, X.: A novel single-phase-to-ground fault identification and isolation strategy in wind farm collector line. Electr. Power Energy Syst. **94**, 15–26 (2018)
73. Yin, S., Luo, H., Ding, S.X.: A survey of fault-tolerant controllers based on safety-related issues. IEEE Trans. Ind. Electron. **61**(5), 2402–2411 (2014)
74. Zhang, Y., Jiang, J.: Bibliographical review on reconfigurable fault-tolerant control systems. Annu. Rev. Control **32**(2), 229–252 (2008)
75. Zhao, J., Chen, B., Shen, J.: Multidimensional nonorthogonal wavelet-sigmoid basis function neural networkfor dynamic process fault diagnosis. Comput. Chem. Eng. **23**(1), 83–92 (1998)
76. Zhu, W., Pu, H., Wang, D., Li, H.: Event-based consensus of second-order multi-agent systems with discrete time. Automatica **79**, 78–83 (2017)

第 2 章 容 错 设 计

容错设计（FTD）旨在支持技术系统的工业设计，以提高它们的容错能力。提高容错能力的方法主要是针对技术系统的可观测性和可控性，但也可以旨在增强其固有的容错性能，例如，利用鲁棒性的物理效应。Rouissi 和 Hoblos 强调了系统设计对容错的重要性。他们将系统容错的能力归属于系统的设计质量。

容错设计与设计准则"可靠性设计"（DfR）和"安全设计"（DfS）共享一些共同的目标、策略和方法性成分。作为其主要目标，容错设计旨在提高技术系统的可靠性（见第1.2节），但容错设计的主要重点是提高系统的容错能力。

容错设计主要是容错控制器设计（详见第 1.4 节），但还包括传感器、执行器、受控过程和控制回路之外的元件设计，如果这些有助于提高容错能力的话。

通常，技术系统的设计主要是在开发和生产这些系统的工业企业中。如今，一个显而易见的事实却是这些设计流程中还经常有分包商和供应商参与。但是，其主要的协调和方案开发通常在原始设备制造商（OEM）进行。这就需要有相应的应用过程模型，来指导这些设计过程。

在设计科学领域，近几十年来已提出了几种过程模型。不可否认，控制和诊断是容错系统的两个最主要的功能，因此，比较明智的做法就是考虑引入过程模型，这种模型着重于描述这些功能。比如，Isermann 曾提出了一种故障检测和诊断的方案（图 2-1），它基于软件工程中已知的 V 模型。

这一模型描述了从建模、仿真、测试、系统集成和系统测试等多个步骤，直至生产完整产品的过程。在这些步骤中，可将要开发的技术系统及其容错能力逐渐地完善，进而变得越来越成熟。通常，在工业企业、分包商和供应商中，这些过程被进一步补充完整，这是设计技术系统所必需的，并且通常必须由相关的工程技术人员付诸执行。这些过程的进展如同一个"V"字（图 2-2）。

可以发现，共有五种活动在开发过程的每个阶段都很重要。最基本的是"项目管理"活动，主要涉及人员、时间和资源，旨在计划和控制所有任务、时间进度表，以及各种资源的分配。而产品和过程的逻辑关系将在"系统工程"活动中进行处理，系统工程在其定义上就是复杂系统功能设计的思路和准则，它基于某些思维模式和逻辑原则。而"变更管理"的概念，概括说明了产品修改的要求、规划、实施和评估系统。它有两个主要目标：支持变更的处理流程和启用变更的可追

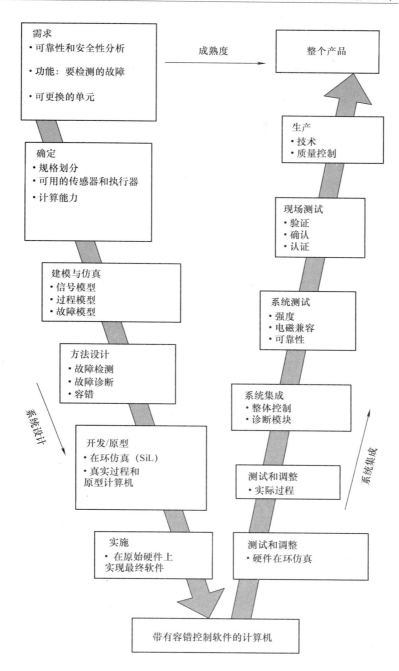

图 2-1　故障检测和诊断系统的 V 模型开发方案

溯性。而"配置管理",则表示在产品扩展意义上的变异管理。必须有意识地定义系统的可能变异性,以便每个可能的系统变异(配置),将来都能在其整个生命周期内满足其相应的功能和物理要求。"测试"这一概念概述了在核心过程中，所有阶段都必须给予计划、执行和控制的验证工作。测试活动本身是针对正在开发的系统，进行的虚拟和物理实质性分析。

为了证实本节中所讨论的内容，这里使用一种更抽象的结构式描述，这种结构式方法，可以在大量有关设计方法论的文献中找到。在过去的几十年中，设计科学界已经意识到，单纯抽象级别的模型并不适用设计过程所要求的严格时间表，但这种模型的逻辑有效性，尚未得到足够的重视。本质上讲，抽象型的模型可描述同一技术系统中的不同领域。

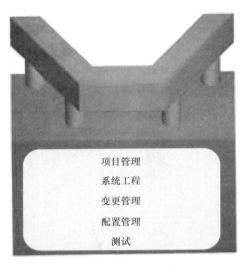

图2-2 过程V方案

在这里，最高级别的抽象就是所谓的需求模型，它描述了产品应该提供的功能、性能和结构特征。其下属的级别是"功能"，它以更具体的形式，描述技术系统的工作方式，即如何实现上述的需求。在此级别上，可以应用各种功能模型（比如，面向结构、面向流程或面向关系）。再下一个级别，更具体的层次由"物理结构"表示，它描述了如何应用物理原理，实现技术系统的功能。最后，更具体化，就是实现产品的"几何形状和材料"，描述如何实现上述物理原理。在这里，我们给出的是一个代表性的描

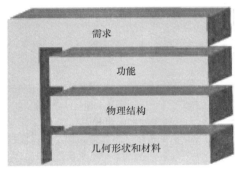

图2-3 产品具体化模型

述，所谓慕尼黑产品具体化模型（图2-3）。接下来的章节，将按图中的级别顺序，给予具体说明。

2.1 探索需求

需求是各种技术系统设计的决定性因素。在多数系统开发项目中，约十分之四的风险都与需求问题相关。对需求进行早期的研究，这是领先型工业企业成功设计产品的主要基石。产品需求可以定义为其设计项目中的目的、用途、约束和准则，并且应该有意识地制定。而通常容错设计有其特殊性的需求，即要求系统应能够容忍已知、可能的故障类型和规模，以及在故障情况下，仍可维持特定的安全目标、

某些稳定性和性能目标。

为了确定这些需求，较为明智的做法是要明确地区分可能的故障和预期的故障。这里，预期故障集是所有可能故障集合中的一个子集。即使对于具有一般复杂度的系统，可能的故障集也通常非常大。首先，系统的每个组件都有可能出现故障。某些组件甚至可能同时出现多个故障，例如，使用轴承可以减少润滑故障，而润滑故障最初只会增加零部件表面的摩擦，摩擦这种表面故障则可能进一步加剧系统振动。其次，组件之间的所有连接处，都可能出现故障。再次，由于组件或其连接之间相互作用中的某些问题，可能会引发各种各样的故障。一般可以从大量的故障中，有目的地选取一些故障现象，因为这些故障发生的可能性和结果的严重性都是可以预期的。就某种故障的容错度而言，对其提出的要求可以表述为：

系统需要容忍以下故障：由于机械式传感器损坏，造成其他传感器采集、传输连续性出现故障。在发生这种故障的情况下，主要的系统性能指标，相对其非故障情况下的标定值，两者之比需要保持在80%~100%。

以下内容是此要求的组成部分：
- 一般性：系统必须容忍某些预知性错误。
- 连续的：预期故障随时间的行为变化。
- 故障：预期故障的类型。
- 传感器XYZ：出现故障的组件和/或连接。
- 预期故障的原因（可选）：机械式传感器损坏。
- 预期的最小容错水平：出现这种故障时，系统的主要性能指标仍需要保持在正常值的80%~100%之间。

显然，将容错完全限制为预期性故障是很不明智的。另外，在系统设计的早期阶段，组件可能仍未定义，可能还无法确定预期的故障。在这种情况下，就可以初步定义故障的特征类型，例如，"第1类型的故障：一个关键性组件的故障"。在这种情况下，需求就可以描述为：

对于任何可想象到的单一性，属于第1种类型的故障，系统必须具有容错性。在此类故障的情况下，相对其无故障的正常情况，系统的主要性能指标需要保持在80%~100%之间。

在可靠性方面，有时将安全性和容错冗余列为改进的最终措施，即增加一些系统组成元素，它们在系统出现故障或失效时作为备份。但是，这些冗余也可能会给系统带来某些劣势，例如，一个辅助性装置会导致额外的成本费用、产品重量和空间需求增加，或者几个较小规模的装置，其实际效率甚至不如一个较大的装置。此外，有时冗余可能会引发相同类型的故障；在这种情况下，系统改进的可能性就很小，甚至根本不存在。在技术系统中使用冗余，做出这类决定非常困难，因为这通常是些附加性设备，只是偶然和有时才必要，而有时冗余的确是多余的。冗余组件的实际影响作用，有时可能比预期的要小，因为两个冗余系统可能不是独立的，并且在某些情况下（例如，计算机的计数器溢出），冗余计算机也可能出现相同的故障。因此，就有必要仔细地制定冗余方案，这其中还包括诸如多样性之类的概念（这将在下一节中介绍），并要有意识地，准确地描述需求中所需冗余的数量和类型。同样重要的是要注意，在不同的抽象级别上，冗余的质量效果可能有所不同（比较图2-4）。

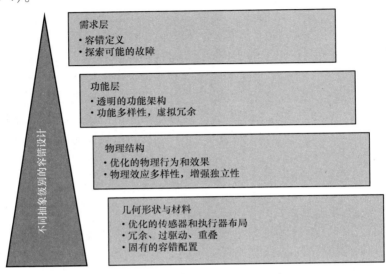

图2-4　不同抽象级别的容错设计

可以在更具体的"几何形状与材料"层次上找到冗余更明显的表现形式。比如，这里的一个示例是两个光学传感器，它们同时观察同一个目标。在前一个更高级别的"物理结构"层次上，传感器具有更大的独立性。仍旧为上述示例，一个为光学传感器，而另一个传感器则采用不同的物理结构，例如，超声波传感器。这种功能层面的多样性，可能会给传感器的选用带来更大的灵活性。例如，一个真实的传感器可由一个虚拟传感器代替，它即使在抽象功能层次也可以工作。下一部分将详细说明在每个抽象级别上，提高容错能力的可能措施。

最主要的，有助于探索需求的方法是"故障树分析"（FTA）、"失效模式和影响分析"（FMEA）和"基准测试"（Benchmarking）。

"故障树分析"是一个结构化的过程，用于识别系统内部和外部引发故障的原因，无论这些原因是单独发生，还是组合性出现，都可能导致系统陷入故障状态。该方法已在全球范围，许多不同行业中得到使用，并且可以定量地描述系统的可靠性。故障树分析方法基于布尔代数和概率论，可用于诊断和系统组件开发，尤其适合早期设计阶段。

"失效模式和影响分析"（FMEA）可由跨学科的专家团队组成，进行故障的工程性分析，在产品设计过程的早期阶段，就可全面地完善产品设计方案或制造过程。失效模式和影响分析的目的就是在产品交付给客户之前，尽早发现其设计缺陷并给予纠正也可以用于确定可能出现的故障，进而制定处理对策。因此，对自身后续产品或者竞争对手的产品，进行一个失效模式和影响分析，更有助于面向故障因素，有针对性地确定对产品的要求。

"基准测试"（Benchmarking）的核心理念可以理解为是一个系统性过程，具有度量、比较和评估产品和过程的机制。从方法类型讲，基准测试主要是解决"基准测试是什么"和"基准测试谁"的问题。当前，主要的基准测试是针对公司企业内部的经营运作。Albertin 等将此定义为产品基准测试，有时也称为第一代基准测试。但是，对竞争对手的系统进行深入分析，这在工业企业中仍然非常普遍，这也有助于对产品需求的探索。在系统容错范围内，对竞争性技术系统的可靠性、安全性和容错，进行基准测试可能会对自身企业有所收益。

对需求的探索和寻求，可能会导致收集到大量的需求。为了应对这些需求，就需要对需求进行管理的策略、方法和工具。ISO 29148（系统和软件工程—生命周期过程—需求工程）将需求管理定义为：确保在整个系统、产品或服务的整个生命周期中，对产品需求进行识别、记录、维护、传递和追踪。在工业企业中，需求的探索通常与某种需求管理联系在一起。这对于系统可靠性和安全性尤为重要，出于验证和证明工业产品的目的，对可靠性和安全性要求都要进行完整的记录。

近年来，已开发了一种基于图形语言和模型的产品需求管理方法。这种方法的简化结构，可实例性地以图2-5描述。

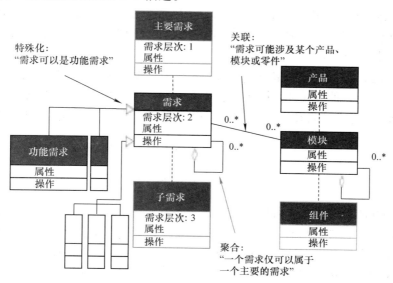

图2-5　基于图形语言和模型的产品需求管理方法

在这一创新型方法中，如果非常笼统地讲，需求建模需要考虑三个主要方面，也可以理解为维度。首先，可以将需求划分成不同的领域（例如，技术性需求）。

其次，一个需求可以是某个需求的组成部分，或者本身可以分解为两个或更多子需求。例如，电池"存储能量"的主要需求，它可能包括两个子需求："提供电流"和"承受负载周期"。再次，需求可以分配到技术系统中具体的模块或组件，也可以适应于整个系统。比如，设计城市轨道车辆的齿轮系统，就可证明该方法的适用性。

总而言之，容错设计在需求层次上，最重要的就是：

- 对系统需求的思考，还应该包括系统可能出现的故障、能预期到的故障、所需的容错级别，以及冗余形式和数量。
- 可以通过故障树分析、失效模式和影响分析、基准测试，以及基于模型的需求管理，来辅助进行系统需求的探索和确认。

很多系统需求，直接涉及需要实现的系统功能；这些将在下一节中讨论。

2.2 功能架构

在产品具体化模型中（比较图2-3），第一个面向解决方案的级别与系统的功能架构有关。有意识地进行容错设计，考虑到功能架构，首先就要对当今所提供的功能架构有一个全面和透彻的了解。目前，许多研究活动都与功能模型的开发有关，对此Eisenbart等人曾给出很出色的评论。可以确定，一个功能应包括两个最主要的内容：

- 要能描述系统通过其操作行为，完成给定的任务，以实现确定目标的能力。
- 要能描述不同介质操作状态的变化、转换或更改，更具体的意义上，这通常指的是材料、能量或信号。

总而言之，一个功能模型通常由一个或多个功能组成，这些功能之间存在着逻辑关系，可以用多种形式进行描述。近年来，已经开发出了一种功能模型，它主要包括系统状态、执行器和层次性结构，比如，图2-6显示了电动汽车轮毂电机的功能模型。

毂电机的功能模型

在图2-6的上半部分，可以发现主流，即一个能量流，其中有一个操作："车轮加速/减速"，操作前后有两种状态："实际车轮转速"和"所期望的车轮转速"，以及一个执行器："带有速度感应的轮毂电机"。还有一个辅助流，也是能量流，它根据状态条件连接到主能量流。这意味着在主能量流中，电能是一个运行条件。该能量由电机控制单元给予调节。第二个辅助流（一个信号流）通过过程状态连接并入到主流。这时的状态（即车轮实际转速）是在主流过程中产生的。在系统的边界上，例如，实际车速是由全球定位系统（Global Positioning System）计算和提供的。利用这一信息和实际车轮转速,就可估算车轮是否将要打滑。在系统边界上,另一个信息是所期望的车速,它可以来自驾驶员本人或巡航控制系统。这一信息,连同实际车轮转速和打滑估算信息,就可用来调节轮毂电机。

通常,利用功能模型可以对机械、电气和控制组件类技术系统,进行更为形象的描述和深入分析。Ramsaier 等人使用基于图形的设计语言,扩展了这一类方法。图 2-7 描述了一个多轴飞行器,主要是其执行器的操作。

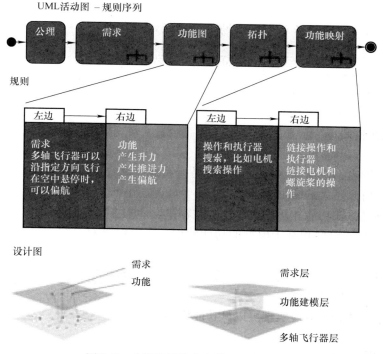

图 2-7 功能建模以实现模型到模型转换

图 2-7 的上部,这里使用了"统一建模语言"(UML)中的活动图(Activity Diagram),描述了一系列所谓的规则。在这种基于图形的建模语言中,规则是通过模型到模型的转换来制定的。在一个规则的"左边",制定了所谓的实例(Instances),可在这一设计图中搜索到这些实例。在该规则的"右边",描述了将要进行的转换。在第二个规则"需求"(Requirements)之后,接着是第三个规则"功能图"(FunctionDiagram)。这一规则的左边是功能需求(Functional Requirement),右边则是由操作和状态组成的功能。然后,执行一个规则,该规则生成了多轴飞行器的拓扑(Topology)。最后是一个名为"功能映射"(FunctionMapping)的子程序(subProgram),它描述了功能到执行者的对应,在其左边分别是所需的操作器和执行器,在其右边则是将操作器和执行器有机地联系在一起。而在图 2-7 的底部,这里描绘了设计图(Design Graph)中的相关层次。第一个子程序"功能

图"（FunctionDiagram），分为两个描述级别，即"需求层"（RequirementsLayer）和"功能建模层"（Function Modelling Layer）。第二个子程序"功能映射"（FunctionMapping）还附加有"多轴飞行器层"（Multicopter Layer），该级别描述了多轴飞行器的零部件集合（即其特定的产品元素及结构）。

除了功能架构的透明度之外，这种透明度都可以通过基于图形的语言，结合功能模型给予实现，另一个重要的方面，则涉及"功能冗余"。功能冗余一词在生物学中很常见，它表示在一个生态系统中，多个物种几乎以相互中立的方式，共享相同的功能。在机器人领域，"功能冗余"意味着对于实现相同的运动轨迹，可能会有不同的机器人配置。Feng 等人进行过关于"多传感器错误检测"（MSED）和"功能冗余"系统开发，它依赖于两种不同的技术，即"异常鲁棒卡尔曼滤波器"（Outlier – RobustKalmanFilter）和"局部加权偏最小二乘"（LW – PLSregression model）。在技术系统的容错设计范围内，"功能冗余"可以定义为使用两个或多个功能不同的组件（传感器、执行器、过程组件）或者算法，已达到更高级别的容错。

在此范围内，所谓的"功能不同"是指系统中状态和操作的相互作用发生了很大变化。对其巨大的使用潜力而言，一个较为突出的例子就是分析冗余。

总而言之，在功能体系构成级别上，容错设计的主要方面是：
- 通过功能模型和基于模型的功能建模，可以促进对系统功能架构的描述和理解。
- 功能的多样性是可精心设计的冗余形式，如果能有意识地加以应用，则可以大大提高系统的容错能力。

技术系统的物理效应实现可以从功能模型中得出。

2.3 物理实现

一些设计方法更强调抽象的物理原理与具体设计参数（产品几何形状信息等）之间的过程。有时，它被称为"行为"，即设计人工制品。比如，在"创造性问题解决理论"（TheoryofInventiveProblemSolving）中，使用一种称为"原项分析"（Su – Field Analysis）的工具，对技术系统进行建模。Su – Field 模型的基本思想就是说一个技术系统的任何部分，都可以用一组物质成分表示，附加与这些成分之间的相互作用。

在德国传统的设计方法中，已收集和提供了许多物理效应列表，这样对某些给定的输入和输出参数，就可找到相应的物理解决方案。通过应用这些列表，可以扩大可能的解决方案空间。一般而言，工程技术人员多是尝试为其技术系统选择最佳的物理效应方案。为了提高容错能力，在物理级别上，容错设计可能最重要的考虑就是利用物理效应的多样性，即为了实现特定的系统功能目标，而采用物理效应不同的系统组件。

目前，例如，空客A380采用液压动力管线和执行器，同时还有电力线路和电动执行器，这两种形式的组合，可达到很高的容错水平，这就是利用了物理效应多样性，作为一种较为经济的容错手段。在自动驾驶汽车的传感器系统中，物理效应多样性也是一个重要概念。通常，这些车辆使用光学传感器（比如摄像机）以采集当前环境状态。但是，不能仅仅依靠这些光学传感器，比如，在大雾的情况下。因此，还使用了其他物理原理的传感器，例如，"光检测和测距"（Light Detection and Ranging）传感器，进而通过这两种传感器的组合，收集环境数据信息。

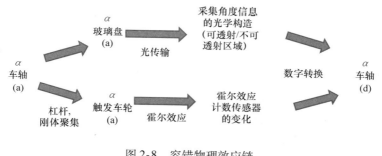

图2-8　容错物理效应链
（a）—模拟　（d）—数字

图2-8详细地描述了一个容错物理效应链。其中车轮的当前角度α反映在车轴上。通过物理效应"杠杆"和"刚体聚集"，机械构件将车轮角度信息传递到一个玻璃盘上，同时将其传递到一个触发轮上。这一玻璃盘上分为可透射和不可透射的区域，这种结构形式就允许通过物理效应"光学透射"，来识别车轮角度的绝对位置。触发轮移向一个霍尔传感器，对移动变化进行计数。然后将这两个信息转换为车轮角度的数字信息。即使在其中一个传感器发生故障的情况下，仍然可以检测到车轮的角度位置。显然，利用这种物理效果链，可以对产品的物理行为进行描述和分析，从而有助于对此加深理解，以促进技术人员之间的交流。

在物理实现层面上，容错设计主要包括两个方面：

- 分析系统的物理原理，参考现有的相应物理效应清单，可以促进系统物理行为的设计。

- 现有物理效应的多样性，这也是提高冗余组件独立性的一个重要手段，如果能有意识地加以应用，则可以提高系统的容错能力。

2.4 几何因素考虑

对更抽象的容错设计级别，只能找到很少的公开性文献，在具体的产品几何形状信息方面，显而易见，已有大量的研究成果。大量的研究工作都涉及传感器和执行器的几何布局问题。

比如，在水资源分配网络中，对传感器的布局问题已进行了数十年的深入研究。Rathi 和 Gupta 对此有详尽的介绍。当前的工作主要涉及基于伴随的数值方法、化学计量学、反应动力学以及混合特征选择。而对洪水预报问题，这类工作可用于规划传感器的布局。在钢结构建筑监测方面，Lu 等人对传感器的最佳位置进行过研究，并有其实际应用和效益审核。当前，还有探讨热能机械系统中传感器的布局，例如，机床立柱。

Morris 和 Yang 从事执行器的几何位置研究，他们曾定义了结构控制中执行器的布局标准。Irschik 和 Nader 研究了对于带有压电装置的横梁，其执行器的具体放置问题。Yunlong 等人的研究工作是关于飞机振动控制系统中执行器的位置。

在输电电网领域、柔性机械结构，以及泄漏检测和定位问题中，也都有了关于传感器和执行器连接问题的研究。

可以得出结论，已经开发出很详尽的方法、算法和系统，以支持设计最佳的传感器和执行器位置。通常，研究结果还集中在某些工业应用领域。所以，正确地选择传感器和执行器的几何位置，对于设计人员仍然是一个挑战，特别是如果同时容错性还应该优化的话。

在系统最具体实现的级别上，冗余也起着重要作用，在这种情况下，系统组件冗余共享相同功能和物理效应。通常在此级别上，通过重复性系统组件来提高容错能力。可以区分两种情况：所谓"热冗余"和"冷冗余"。在热冗余的情况下，多个重复的组件一起运行，例如，飞机的发动机。而冷冗余是仅在发生故障的情况下，其他的系统组件才投入运行，例如，核电站的辅助发电机。冷冗余也可能有其局限性，因为冗余组件在不运行时，如果时间过久也会出现故障。这种所谓"潜在"或"休眠"式故障会带来更特殊的危险，因为它们可能无法被发现。

传感器冗余的问题也很明显。其中一个主要的问题，是由以下事实造成的：在某些情况下，传感器故障并不会导致没有传感器读数，而是导致传感器读数错误。如果有两个冗余传感器，哪个传感器读数可值得信任？要做出这一判断决定，并不是一件容易的事。解决该问题的一种方法是所谓投票方案，即信任至少两个传感器提供了相似的读数。但是，这确需要至少有三个冗余传感器。而另一种方法，就是进行传感器读数的真实性检查。这里，首先是检查传感器读数，是否在物理效应的可能区域内。接着是检查传感器读数的梯度，在物理效应上是否可能。更高级别的检验是使用虚拟冗余（比较第 2.2 节）。如今，许多传感器，尤其是传递数字信号的传感器，例如总线系统，已经设置了这种机制。在这种情况下，无故障的传感器在一定的概率值范围内，被认为是可信任的，这样，即使在只有两个冗余传感器的情况下，也可以提高系统的容错能力。

相对最初所预期的情况，执行器冗余也可能导致更多的问题。即使存在第二个冗余执行器，发生故障的执行器也可能会阻碍某些组件的功能，而在理论上仍认为，这些组件还能够执行所需的操作。在这种情况下，有必要采取进一步的措施，例如，提供若干机制，能够切断与执行器的连接，如果该执行器已发生了故障的话。

这里，还有其他三个概念与冗余相关，它们均可以提高技术系统的容错能力，即"过度激活""传感器重叠"和"执行器重叠"。

通常，过度激活被理解为，相对控制运动系统的刚体模式所需的执行器数量，设法采用更多的执行器。过度激活的另一种可能性，就是使用更鲁棒性的执行器。一般来讲，过度激活设计具有更好的可控制性，并可以提高容错能力，因为过度激活的潜力可以用来补偿故障的负面影响。

在概念上，传感器重叠不仅可以传递单一信号值，而且还可以传递 1D、2D 或 3D 几何信息。例如，光学传感器可以以某种方式定向，将其感应区域重叠，然后可以使用重叠的区域，以便检测这些传感器是否在这一区域内，提供了多个至少相类似的信息，从而得出结论，它们是否仍处在正常工作状态。

在某些情况下，执行器可以互相协同工作，以共同完成给定的任务，例如，六足步行机器人。此时就是执行器重叠，而且一个执行器至少可以部分地接管另一执行器的任务，从而提高了容错能力。

为了评估具有冗余元件的技术系统可靠性，已有某些精心设计的方法。通常，它们是基于故障树分析或蒙特卡洛模拟。

在容错设计的最具体阶段，还应考虑"安全设计"中的两种策略。其中"安全寿命"策略针对系统结构设计，要足够坚固，甚至可以承受极端条件。而补充策略，也被称为"故障保护"，旨在出现故障或失效的情况下，尽可能减轻其负面影响。某些系统（例如，飞机的机身）只能设计其"安全寿命"，详尽地进行计算和模拟，以及进行实验，确保系统能够在异常，甚至意外的情况下仍能生存。这种策略还将会提高系统容错能力，因为，理论上虽然某些情况可能会出现故障，而在这种情况下，并不会导致此故障。第二种策略"故障寿命"，旨在发生严重故障时，能够进行控制性的停机，以达到某种安全状态。为达到此目的，所采用的方法与容错方法相似。因此，"故障寿命"策略以及相关的概念、方法、算法和工具，都有助于技术系统的容错。

安全设计的另一种策略就是思考安全系统的配置问题，这里有一个突出的例子，没有传动带的压缩机，这样就避除了人可能会把手指夹在传动带里的危险。这种考虑可以转移到容错设计中，即设计人员可能要创建所谓的"固有的容错系统配置"。另一个例子，"顶置气门"（Overhead Valve）式发动机，这与"顶置凸轮轴"（Overhead Camshaft）式发动机相比，它不需要设置传动带或链条。因此，不会发生"链条伸长"或"传动带撕裂"类故障（当然除此之外，重要的是需要指出，顶置气门式发动机还有其他一些缺点，例如，高速性能不佳）。

总而言之，容错设计涉及几何信息问题，它有三个最突出的方面：

- 已有许多经过精心设计的方法、算法和系统，这些都可以在容错设计方面，有助于实现传感器和执行器的最佳几何布局。
- 通常，可以通过冗余元件来增强系统的容错能力。但是，就经济效益和实际性能而言，它们将导致难以实现最佳系统，并且可能会失败，尤其在所谓的冷冗余情况下。因此，需要批评性、有目的地进行选择，并需要考虑诸如"过度激活"和"重叠"之类的问题。
- "安全设计"策略，例如，"安全寿命"和"故障安全"也可以提高容错能力，另外，"固有的容错系统配置"也可以用于此目的。

2.5 小结

容错设计的思维方法和组成部分是本章的重点。这里的讨论主要涉及已被广泛采用的系统抽象模型。连同容错控制的各个需求和组成部分，这些模型可以支持产品设计师和控制工程师，将其映射、实现和集成到技术系统中，而仅需少量额外费用支出，就可以提高系统的容错能力，并且在可能的情况下，保证系统性能不受影响。

参 考 文 献

1. Alban, A., Darji, H., Imamura, A., Nakayama, M.K.: Efficient Monte Carlo methods for estimating failure probabilities. Reliab. Eng. Syst. Saf. **165**, 376–394 (2017)
2. Albertin, M.R., Pontes, H.L.J., Frota, E.R., Assuncao, M.B.: Flexible benchmarking: a new reference model. Benchmarking Int. J. **22**(5), 920–944 (2015)
3. Bennett, J.W., Mecrow, B.C., Atkinson, D.J., Atkinson, G.J.: Safety-critical design of electromechanical actuation systems in commercial aircraft. IET Electr. Power Appl. **5**(1), 37–47 (2011)
4. Bernard, R., Irlinger, R.: About watches and cars: winning R and D strategies in two branches. In: International Symposium "Engineering Design The Art of Building Networks" (2016)
5. Bertsche, B.: Reliability in Automotive and Mechanical Engineering. Springer, Berlin (2008)
6. Bhutta, K.S., Huq, F.: Benchmarking best practices: an integrated approach. Benchmarking Int. J. **6**(3), 254–268 (1999)
7. Blanke, M., Frei, C.W., Kraus, F., Patton, R.J., Staroswiecki, M.: What is fault tolerant control? In: Proceedings of IFAC Symposium on Fault Detection Supervision and Safety of Technical Processes, SAFEPROCESS (2000)
8. Carlson, C.S.: Effective FMEAs: Achieving Safe, Reliable, and Economical Products and Processes using Failure Mode and Effects Analysis. Wiley, New York (2012)
9. Charrier, J.-J., Kulshreshtha, A.: A electric actuation for flight and engine control system: evolution, current trends and future challenges. In: Proceedings of the 45th AIAA Aerospace Sciences Meeting and Exhibit (2007)
10. Chavez-Garcia, R.O., Aycard, O.: Multiple sensor fusion and classification for moving object detection and tracking. IEEE Trans. Intell. Transp. Syst. **99**, 1–10 (2015)
11. Crnkovic, I., Asklund, U., Persson-Dahlqvist, A.: Implementing and Integrating Product Data Management and Software Configuration Management. Artech House, London (2003)
12. Daenzer, W.F., Huber, F.: Systems Engineering Methodik und Praxis. Verlag industrielle Organisation, Zurich (2002)
13. Downer, J.: When failure is an option: redundancy, reliability and regulation in complex technical systems. Centre for Analysis of Risk and Regulation (2009)
14. Dylla, N.: Denk- und Handlungsablufe beim Konstruieren. Hanser, Wien (1991)
15. Ehrlenspiel, K., Meerkamm, H.: Integrierte Produktentwicklung. Zusammenarbeit. Carl Hanser Verlag, Munich, Denkabläufe, Methodeneinsatz (2013)
16. Eisenbart, B., Gericke, K., Blessing, L.T.M., McAloone, T.C.: A dsm-based framework for integrated function modelling: concept, application and evaluation. Res. Eng. Des. **28**(1), 25–41 (2016)
17. Optimal sensors placement for flood forecasting modelling: Fattorusoa, G., Agrestab, A., Guarnieria, G., Lanzaa, B., Buonannoa, A., Molinarac, M., Marroccoc, C., De Vitoa, S., Tortorellac, F., Di Franciaa, G. Procedia Eng. **119**, 927–936 (2015)
18. Feng, J., Hajizadeh, I., Cinar, A., Samadi, S., Sevil, M., Frantz, N., Lazaro, C., Maloney, Z., Yu, X., Littlejohn, E., Quinn, L.: A multi-sensor error detection and functional redundancy algorithm for dynamic systems. In: Proceedings of the 2017 AIChE Annual Meeting (2017)

19. Gero, J.S., Kannengiesser, U.: The function-behaviour-structure ontology of design. In: Chakrabarti, A., Blessing, L.T.M. (eds.) An Anthology of Theories and Models of Design, pp. 263–283. Springer, Berlin (2014)
20. Gney, M., Eskinat, E.: Optimal actuator and sensor placement in flexible structures using closed-loop criteria. J. Sound Vib. **312**, 210–233 (2008)
21. Gullo, L.J., Dixon, J.: Design for Safety. Wiley, New York (2017)
22. Herzog, R., Riedel, I., Ucinski, D.: Optimal sensor placement for joint parameter and state estimation problems in large-scale dynamical systems with applications to thermo-mechanics. Technische Universitaet Chemnitz (2017)
23. Holder, K., Zech, A., Ramsaier, M., Stetter, R., Niedermeier, H.-P., Rudolph, S., Till, M.: Model-based requirements management in gear systems design based on graph-based design languages. Appl. Sci. **7**, (2017)
24. Hruschka, P.: Business Analysis und Requirements Engineering: Produkte und Prozesse nachhaltig verbessern. Hanser, Munich (2014)
25. Hu, B., Seiler, P.: A probabilistic method for certification of analytically redundant systems. Int. J. Appl. Math. Comput. Sci. **25**(1), 103–116 (2015)
26. Irschik, H., Nader, M.: Actuator placement in static bending of smart beams utilizing Mohr's analogy. Eng. Struct. **31**, 1698–1706 (2009)
27. Isermann, R.: Fault Diagnosis Systems. An Introduction from Fault Detection to Fault Tolerance. Springer, New York (2006)
28. ISO/IEC/IEEE 29148:2011: Systems and software engineering - Life cycle processes - Requirements engineering
29. Li, L., Yu, S., Tao, J., Li, L.: A FBS-based energy modelling method for energy efficiency-oriented design. J. Clean. Prod. **172**, 1–13 (2018)
30. Lindemann, U.: Methodische Entwicklung technischer Produkte. Springer, Berlin (2009)
31. Lu, W., Wen, R., Teng, J., Li, X., Li, C.: Data correlation analysis for optimal sensor placement using a bond energy algorithm. Measurement **91**, 509–518 (2016)
32. Morkos, B., Mathieson, J., Summers, J.D.: Comparative analysis of requirements change prediction models: manual, linguistic, and neural network. Res. Eng. Des. **25**, (2014)
33. Morris, K., Yang, S.: Comparison of actuator placement criteria for control of structures. J. Sound Vib. **353**, 1–18 (2015)
34. Mousavi, S., Gagnol, V., Bouzgarrou, B.C., Ray, P.: Stability optimization in robotic milling through the control of functional redundancies. Robot. Comput. Integr. Manuf. **50**, 181–192 (2018)
35. Nestorovic, T., Trajkov, M.: Optimal actuator and sensor placement based on balanced reduced models. Mech. Syst. Signal Process. **36**, 271–289 (2013)
36. Ohar, Z., Lahav, O., Ostfeld, A.: Optimal sensor placement for detecting organophosphate intrusions into water distribution systems. Water Res. **73**, 193–203 (2015)
37. Pahl, G., Beitz, W., Feldhusen, J., Grote, K.H.: Engineering Design: A Systematic Approach. Springer, Berlin (2007)
38. Ponn, J., Lindemann, U.: Konzeptentwicklung und Gestaltung technischer Produkte. Springer, Berlin (2011)
39. Przystalka, P., Moczulski, W.: Optimal placement of sensors and actuators for leakage detection and localization. In: Proceedings of the 8th IFAC Symposium on Fault Detection, Supervision and Safety of Technical Processes (SAFEPROCESS) (2012)
40. Ramsaier, M., Spindler, C., Stetter, R., Rudolph, S., Till, M.: Digital representation in multi-copter design along the product life-cycle. Procedia CIRP **62**, 559–564 (2016)
41. Ramsaier, M., Stetter, R., Till, M., Rudolph, S., Schumacher, A.: Automatic definition of density-driven topology optimization with graph-based design languages. In: Proceedings of the 12th World Congress on Structural and Multidisciplinary Optimisation (2017)
42. Rathi, S., Gupta, R.: Sensor placement methods for contamination detection in water distribution networks: a review. Procedia Eng. **89**, 181–188 (2014)
43. Rogova, E.S.: Reliability assessment of redundant safety systems with degradation. Delft University of Technology, 2017
44. Rouissi, F., Hoblos, G.: Fault tolerant sensor network design with respect to diagnosability properties. In: Proceedings of the 8th IFAC Symposium on Fault Detection, Supervision and Safety of Technical Processes (SAFEPROCESS), pp. 1120–1124 (2012)

45. Ryll, M., Buelthoff, H.H., Giordano, P.R.: Overactuation in UAVs for enhanced aerial manipulation: a novel quadrotor concept with tilting propellers. In: Proceedings of the 6th International Workshop on Human-Friendly Robotics (2013)
46. SAE J 1739:2009: Potential failure mode and effects analysis in design (design FMEA) and potential failure mode and effects analysis in manufacturing and assembly processes (Process FMEA) and effects analysis for machinery (Machinery FMEA)
47. Scheffer, M., Vergnon, R., van Nes, E.H., Cuppen, J.G.M., Peeters, E.T.H.M., Leijs, R., Nilsson, A.N.: The evolution of functionally redundant species; evidence from beetles. PLOS ONE **10**(10), (2015)
48. Schneider, M.G.E., van de Molengraft, M.J.G., Steinbuch, M.: Benefits of over-actuation in motion systems. In: Proceeding of the 2004 American Control Conference (2004)
49. Soldevila, A., Blesa, J., Tornil-Sin, S., Fernandez-Canti, R.M., Puig, V.: Sensor placement for classifier-based leak localization in water distribution networks using hybrid feature selection. Comput. Chem. Eng. **108**, 152–162 (2018)
50. Stetter, R., Pulm, U.: Problems and chances in industrial mechatronic product development. In: Proceedings of the 17th International Conference on Engineering Design (ICED 09), vol. 5, pp. 97–108 (2009)
51. Stetter, R., Simundsson, A.: Design for control. In: Proceedings of the 21st International Conference on Engineering Design (ICED 17), vol. 4, Design Methods and Tools, pp. 149–158 (2017)
52. Summers, H.H., Lygeros, J.: Optimal sensor and actuator placement in complex dynamical networks. In: Proceedings of the 19th World Congress The International Federation of Automatic Control (2014)
53. Umeda, Y., Ishii, M., Yoshioka, M., Shimomura, Y., Tomiyama, T.: Supporting conceptual design based on the function-behavior-state modeler. Artif. Intell. Eng. Des. Anal. Manuf. AIEDAM **10**(4), 275–288 (1996)
54. Waeytens, J., Mahfoudhi, I., Chabchoub, M.-A., Chatellier, P.: Adjoint-based numerical method using standard engineering software for the optimal placement of chlorine sensors in drinking water networks. Environ. Model. Softw. **92**, 229–238 (2017)
55. Yan, F., Dridi, M., El Moundi, A.: An autonomous vehicle sequencing problem at intersections: a genetic algorithm approach. Int. J. Appl. Math. Comput. Sci. **23**(1), 183–200 (2013)
56. Yunlong, L., Xiaojun, W., Ren, H., Zhiping, Q.: Actuator placement robust optimization for vibration control system with interval parameters. Aerosp. Sci. Technol. **45**, 88–98 (2015)

第 2 部分　自动车辆的容错设计与控制

第 3 章　基于方法和模型的自动车辆设计

本章特别针对自动引导车辆，介绍了其设计过程的各个阶段，并同时考虑到这类系统的容错能力。特别要强调的是，系统设计过程的方法论和相应的数字模型，这将用以组织、管理和支持整个设计过程。从第 3.1 节开始，将要描述一个系统设计过程的不同阶段，即规划和控制阶段。通常，一个设计过程的早期阶段都涉及对客户需求的探索，这将在第 3.2 节中进行说明。随后的第 3.3 节的内容就是需求管理，这其实在整个设计过程中都在进行，但是在早期阶段，需要更强调性地给予说明。第 3.4 节将介绍跨学科式、阶段性、系统化设计的方法和模型，而行业特定的设计将在第 3.5 节中讨论。系统化集成各个设计阶段的结果，将在第 3.6 节中详细说明，不同级别的验证和确认过程在第 3.7 节中进行了讨论。本章的主要内容，大多基于作者所发表的文章。

3.1　过程规划

复杂类型的系统开发，比如，自动引导车辆（AGV），都需要某些系统性机制，以实现相关性、可管理和组织化的设计流程。要应对这种挑战，能够对工程技术人员和设计经理提供辅助性支持，一个重要的方法就是流程模型。这种模型可以描绘各个具体的阶段、过程或步骤，而这正是将整个设计过程进行分解，并分别有针对性地给予描述。通常，这些模型都是用来试图表达和描述产品开发过程中的基本逻辑。近些年来，模型驱动的过程规划和控制方法，正受到越来越多的关注。重要的是要注意，过程模型不仅可用于按逻辑顺序安排设计阶段、过程或步骤，而且还可进行时间规划，以及将具体职责和工作任务，分配给相应产品开发部门和组织。就此，可以得出结论，过程模型可以辅助设计管理中的方方面面。容错设计和控制都要在规划阶段就有意识地加以重视和考虑，这包括可能的和偶然性的故障、开发容错控制算法，以及用于验证和提高容错的机制。

过去的几十年内，在系统设计、新产品开发、软件开发和系统工程界中，都已经开发了许多过程模型。德国工程师协会指南 2221 "技术系统和产品的开发和设计方法"（Methodology for development and design of technical systems and products）和2422"微电子控制的机械设备设计程序"（Design procedure for mechanical devices with microelectronics control），两者都提出了一些典型的过程模型实例。多年来，可以观察到一个基本共识，即称为V模型的过程模型（比较第2章），它比较适用于描述机电产品开发过程的一般性逻辑。德国工程师协会指南2206"机电系统的设计方法"（Design methodology for mechatronic systems）就描述了这一V模型。涉及这种过程模型的研究结果、方法、应用、优化和扩展，可详见本章的参考文献，在某些生产和开发复杂机电产品的工业企业，比如，自动引导车辆，已将这种过程模型作为企业的标准过程模型。

复杂的产品一般由机械、电气和电子子系统组成，应用计算机软件来满足其功能和用途需求（例如，服务、监视等）。V模型可明确地解决这一类跨学科的工程技术设计问题。该模型的基本逻辑旨在系统设计中，集成机械工程、电气工程和计算机科学的过程、相应的模型和专业知识。

所以，V模型的重点是跨学科的系统设计。在这当中，系统工程师和不同学科的工程技术人员需要共同合作，将所有必需的产品功能分配给相对应的解决方案，不论各自的学科如何，都尽可能以最小的费用支出、最佳的工作方式来实现这些预定的功能。另外，V模型还认为，多个学科的技术人员仍然必须承担各自具体、明确和详细的业务，但事实证明，对特定行业领域的解决方案，这种有意识的分工，最终还需进行汇总和整合。此外，V模型还指出了验证和确认工作的必要性，例如，在产品不同的详细程度、不同的集成水平上，要进行系统仿真和实验测试。V模型的结构如图3-1所示。

与其他文献相反，在流程开始时，我们就添加了不同阶段的客户需求，并在第3.2节中详细讨论这一问题的意义所在。作为设计过程的最终结果，一般就是对产品的完整描述，这包括数据和可供生产的原型。

3.1.1 机电一体化系统的开发方法

《德国工程师协会指南2206》不仅将V模型定义和描述为一个过程模型，而且还提出了所谓通用的问题解决周期概念，但是却在不同的解决方案级别。所提出的V模型只是作为宏观级别的方案，即用于计划和控制整个产品开发过程，或者至少其中较大的一部分过程。而解决问题的周期概念，则被认为是一个通用的微观方案，即用于计划和控制产品开发过程的具体细节部分，即专门用于解决各种特定的具体问题。从时间上讲，某些细节可能仅要几个小时，但也可能需要几个月。这里，一个解决问题周期的起点，可以在系统工程理论中找到其定义。其总体结构如图3-2所示。

该过程方案有几个步骤，可将它们按其逻辑顺序进行排列。开始时，可根据不同的问题进行情况分析或选取一个目标。如果现有的产品结构可用，并且可以用来分析，那么接着就可着手进行更深入的分析，这种做法是比较明智的。如果希望从

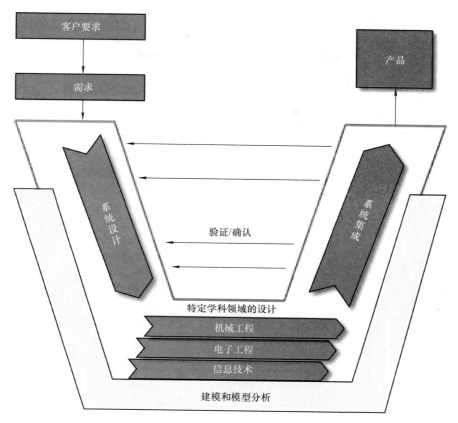

图 3-1 V 模型的结构

头生成理想的解决方案,那么集中于此既定目标,可能是最有收益的。方案的核心做法就是连续地在综合(创建新的解决方案)和分析(评估这些方案的特征)两者之间进行重复性循环。而分析和评估步骤,将明确地验证解决方案是否可以实现给定的目标。最后,方案的确定是基于上述评估的客观结果,但也要考虑人为的影响。

如上所述,V 模型可以用作整个产品开发的过程方案。对于复杂的系统,在不同的成熟度水平上,多次重复此过程也是很合理的(比较图 3-3)。

通常,产品开发过程的详细计划,很大程度上取决于产品本身的许多因素,但也可以是产品的开发环境。在过去的十年中,已提出了一种针对具体情况规划产品开发过程的方法,例如,"产品模型驱动的开发"(PMDD)。通常,对于机电产品的开发过程,建议采用面向功能的规划。

主管而近几年来,敏捷性方法越来越受到关注。尤其是在软件工程中,经常使用迭代式增量软件开发过程(Scrum),以实现敏捷性软件开发,这里,术语"Scrum"是橄榄球运动的一种形式,意指团队内非常紧密地聚集在一起。在此工

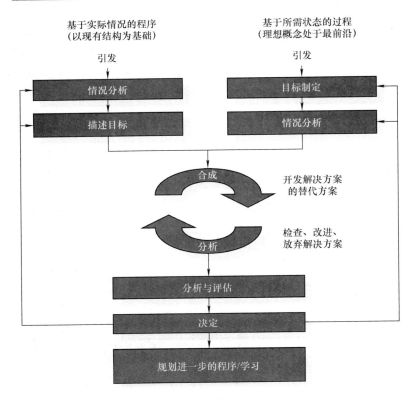

图 3-2　解决产品设计问题的周期

作框架下,其特点就是一个团队以所谓冲刺(Sprint)的方式进行开发工作,通常一个冲刺需要一个星期的时间。在冲刺期间,团队每天只举行一次简短的会议(Daily Scrum),而在剩余时间内,团队成员可以集中精力从事自身的工作。团队由一个主管(Scrummaster)管理和协调,他试图使团队成员尽可能集中精力,排除其他干扰性因素。而产品所有者(Product owner)是将产品需求引入开发流程。在一个冲刺之前,即在冲刺计划会议上,阐明具体的工作范围和目标。而且在每个冲刺之后,都要对其结果进行审核。图 3-4 概述了迭代式增量软件开发过程(Scrum)的基本结构。

与传统的开发方法相比,这种开发团队拥有更多的自发性组织能力。除其他事项外,还要确定具体的开发人员各自将承担哪些工作任务,或者团队成员一起决定,如何自行组织和确定客户的需求,以及具体实现措施。迭代式增量软件开发过程的主要优势有以下几个方面。

- 团队内部的直接沟通。
- 敏捷/灵活的过程,每次冲刺之前,都进行计划性调整。
- 自我组织提高了过程效益。

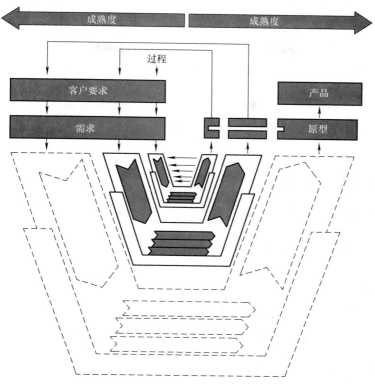

图 3-3 重复执行多个宏循环

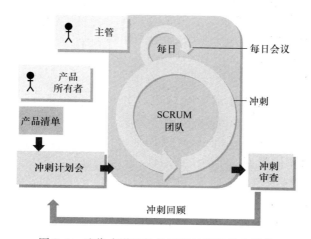

图 3-4 迭代式增量软件开发过程的基本结构

- 在一个冲刺期间,团队成员更专注于开发任务,减少了管理性干扰因素。
- 在多次冲刺审核中,评估中间性结果,从而导致产品持续和周期性的改进。

尽管迭代式增量软件开发过程具有很多优点，但它不能简单直接地应用于机电产品的开发过程中，这是因为，机电产品多是由物理组件构成的，需要进行物理性能测试，再有，其实现时间和规划过程的复杂性，都阻碍了敏捷式开发过程的应用。当前，设计科学正在探讨将这种开发过程框架给予改进和扩展，使之也可能适用于机电产品开发。

除了在微观和宏观层面上提出设计方案之外，还可以使用许多方法和工具，来支持设计过程的具体规划和实施控制。这些方法和工具将在下一节中给予详细介绍。

3.1.2 开发过程的规划和控制

规划和控制复杂机电产品（例如，自动引导车）的开发过程，这是一个重大的挑战，因为，这类产品由不同的子系统和组件构成，它们之间的相互联系和依存条件是如此的多种多样，以致要合理地确定其工作顺序并非一件易事。比如，如果必须在过程的后期阶段，对某些核心组件进行更改，则会引发许多严重的问题，因为这有可能导致其他的组件，也同时必须进行必要的更改。因此，在设计复杂的机电系统时，比较明智的做法就是要识别哪些是核心组件，即可以影响许多其他相关组件的组件。而且，这种影响作用经常是跨越学科和技术领域的。

这里有一个示例，就是某些类型的电动机需要特定的控制系统。如要分析子系统或组件之间的相互影响程度，一个很重要的方法就是所谓影响矩阵。这样的一个矩阵，其元素由子系统或组件组成。每个元素都是一个整数值，代表一个子系统或组件对另一子系统或组件的影响程度。这样在评估中，同一列中所有行元素值的总和被称为被动影响总和，而同一行中，所有列元素值的总和被称为主动影响总和。比如，自动引导车的影响作用矩阵如图 3-5 所示。

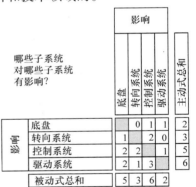

图 3-5 自动引导车组件的
影响作用矩阵（简化版）

这样一个影响矩阵的结果很具有描述性。从中可区分出四种不同类型的子系统或组件：

- 缓冲性子系统或组件：即不会影响其他子系统或组件，本身也不会受到其他子系统或组件的影响。
- 主动性子系统或组件：可能会影响若干个子系统或组件，但这些子系统或组件的数量，可能会大于它们所能影响的子系统或组件的数量。
- 被动性子系统或组件：会受到许多子系统或组件的影响，这些子系统或组件的数量大于它们可以影响的子系统或组件的数量。
- 关键性子系统或组件：可能会影响到许多子系统或组件，并且可能同时会受到许多子系统或组件的影响。

在图 3-6 中,显示了简化的自动引导车组件的影响性组合,这一示例来自上述影响矩阵。

为了保证有效、高效的产品开发流程,需要在早期阶段,就要定义关键性和主动性的子系统或组件。缓冲性和被动性子系统或组件可以在以后定义,因为,如果更改了这两类子系统或组件,则一般不会考虑其他系统或组件后续还需要更改。这种评估不能仅限于某种单一学科,必须包括机械、电气和电子子系统以及组件和软件。它可能是成功设计复杂系统的一个基石,以识别出有影响力的子系统和组件,并就此得出合理的产品开发顺序。

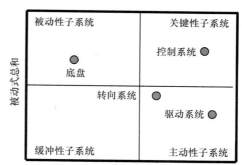

图 3-6 自动引导车组件的影响性组合(简化版)

对若干产品开发过程进行详细分析,就可以观察和了解到子系统或组件的新颖性是另一个突出的特征,这对于安排设计过程的顺序很重要。通常,一个新颖的系统可由已知的、可适应的,以及新型的组件和子系统组成。显然,在这些新型的子系统和组件中,存在着最高的故障性风险。因此,对于制定稳定且易于管理的设计流程,比较明智的做法是首先开发这些子系统和组件,因为,它们的功能和质量对整个项目是至关重要的。就确定新型子系统和组件而言,可考虑的标准是其创新程度、开发方法的成熟度、仿真可能性和能达到的容错程度。可以在一个项目中,综合检验这些新颖性和其特征影响力(比较图 3-7)。

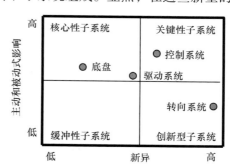

图 3-7 自动引导车的项目顺序(简化版)

基于产品组合,就可以制定出产品设计顺序,从而将企业资源集中到关键性的子系统和组件。通常,这些关键性子系统和组件的一个评价标准,就是其容错能力都较低。这样所制定的设计顺序,可以成为有效规划和控制设计过程的一个重要基础。

对于复杂的机电产品,可以通过使用所谓面向阶段门控的流程(SGP),来均衡开发过程的敏捷性和限定性(图 3-8)。

这样的一个过程由多个阶段(Phase)和门控(Stage – Gate)组成,并通过不断扩展需求模型得到补充和支持。与迭代式增量软件开发过程相似,每个阶段都从一个详细的计划开始。这个详细计划着重于此阶段应取得的成果,并不尝试详细地

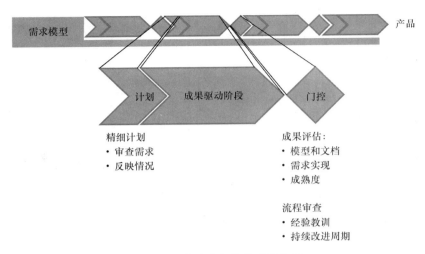

图 3-8　面向阶段门控的开发流程

制定该阶段的工作。这一成果的具体定义要基于对需求的审查和实际所反映的情况。例如，比较典型的成果可以是，具有一定细节程度、完整性和成熟度的产品原型，或者实际测试结果，或者是已实现的生产设备，例如，加工产品的工具。每个阶段都以一个预定的门控结束。设置这一门控的特点就是要对成果和过程进行评审。其中，成果的审查涉及以下几个方面。

- 产品模型和文件及其详细程度、完整性和成熟度。
- 根据专家和多个咨询渠道的估计，对正在开发的技术系统的需求进行预测。
- 根据专家和多个咨询渠道的建议，评估正在开发的技术系统的成熟度。

过程审查如同一个经验和教训总结，其目的是致力于一个持续性的改进工作。通常，在工业实施中，旨在采用可提高技术系统容错能力的容错方法（FTAP），这包括各种容错准则、算法、工具、方法和策略，但这是一项具有挑战性的任务，需要对各种方法进行比较。

为了实现这些方法，已对这些方法在逻辑层次进行了区分，使之可适合于容错方法的实现。这里不同的层次有以下几种。

- 启动容错方法实施流程：这包括实施流程的早期阶段工作和准备活动。
- 产品开发系统的分析：旨在建立对技术系统和开发过程的深入了解。
- 选择合适的容错组件：有意识地选择适应产品和过程环境的子系统和组件。
- 容错方法组件的实施：其核心是调节容错组件、基本工作逻辑以及有效应用的技巧。
- 影响作用评估：重在评估容错方法实施后的影响作用，这要确定每一个组件的具体影响。除此之外，这一层次对于实现持续性改进是极为必要的。

容错方法的实现层次如图 3-9 左侧所示。

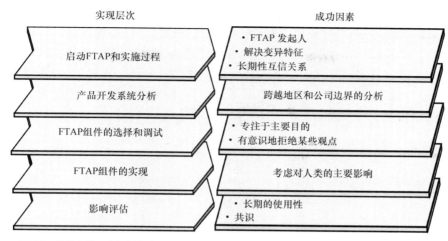

FTAP：容错方法，它包括算法，准则，方法等。

图 3-9　容错方法的实现层次和成功因素

在过去的几十年中，已经找到了方法实施所带来的成功性因素，这些新的见解可用于方法的进一步改进完善。如果这种方法最初即可收益，且对此能够深信不疑。从长远观点来看，这样使用容错方法的机会，还可以增加。如果还可解决产品变异性特征，实施可能会更成功，即这实际上就是可以改善产品开发系统的特征，因为，如果在所准许的变更范围之外，尝试更改某些产品特性，这常常注定会导致失败。成功的一个核心因素是可以相互信任，企业的工程技术人员需要信任外部资源，这一点可通过工业界和学术界之间的长期合作关系得以促进。如今，只有在企业顾问和外部供应商对各个过程段进行了深入分析，工程技术人员才能完全理解设计过程。为了成功实施容错方法，应避免进行过分雄心勃勃的尝试，对并非很重要的问题，应有意识地予以拒绝。这里，也不应忽视这一事实，即工程技术人员的专业知识和工作态度，同样起着重要的作用。同样，在评估过程中，应在较长的时间内观察组件使用情况，并应就容错影响达成共识。这些成功的因素，总结性地列举在图 3-9 的右侧。

3.2　探索客户需求

在许多工业企业中，以客户为中心的理念变得越来越重要，这是由于许多企业都面临着其产品市场趋于饱和的趋势，就是说，产品和服务之间的互换交错性越来越高。另一个普遍趋势就是，企业与客户的互动越来越紧密，这是因为客户变得越来越重要。对于成功的企业而言，产品的价格已不再是唯一的卖点。

因此，对于企业来说，探索客户需求就显得非常重要。这种探索的基本概念通过所谓的卡诺模型（KanoModel）进行了形象的描述，该模型以日本发明家狩野纪昭（Noriaki Kano）命名。该模型有助于在产品开发过程的后续阶段，对客户需求进行整合。卡诺模型描述了客户需求和客户满意度之间的直接关系。而客户对产品、系统、解决方案或软件的功能和特性，各自的期望差异很大。一个功能可能会令一个客户兴奋不已，而另一个客户可能会认为该功能是理所当然的，而其他客户可能正是因为此功能而完全拒绝了该产品。图 3-10 显示了著名的卡诺模型。

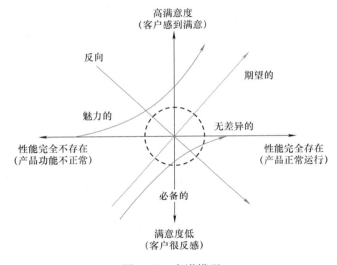

图 3-10　卡诺模型

在此模型中，可以观察到五类产品属性：

- 缺少一个必备（must-be）的属性将导致客户不满意，也就不能提高客户的满意度。比如，对于自动引导车来说，今天，功能安全已经成为必需的属性。
- 期望性（one-dimensional）属性的实现可与客户满意度相结合。自动引导车的行驶速度可以是期望性属性。
- 具有魅力（attraktive）的属性可以提高客户满意度，但是，产品可能并不需要这些属性。对于自动引导车而言，现代式的外形设计可能就是这样一个属性。
- 客户满意度不受无差异（indifferent）属性的影响，比如，自动引导车的颜色。
- 反向（reverse）属性将与较低的客户满意度相结合，比如，自动引导车零部件的腐蚀。

通常，可以使用这些属性来构建客户的需求。自动引导车一般是由生产或基础设施公司购买的。他们的主要兴趣当然是获得经营效益。因此，这里最重要的客户需求就涉及自动引导车应用的经济效益方面。但是，这不能通过降低自动引导车的售价实现，因此，最主要的考虑通常是其操作性能和工作效率。这就有必要将多方面的考虑纳入自动引导车解决方案的比较过程中。

这里，一种可能性就是制定所谓比较式客户价值（CCV）。涉及自动引导车的解决方案，式（3-1）~式（3-3）就有意识地考虑了与其有关的客户经济性需求。可以使用式（3-1）来确定客户比较值 CCV。

$$CCV = W_P \times P + W_A \times A + W_{IC} \times IC + W_{OC} \times OC \tag{3-1}$$

式中，CCV 是某一个解决方案的客户比较值，可用于比较不同的解决方案；W_P 是一个特定场合的效益加权，其值在 0~1 范围内；

P 是对预期效益的评估，其范围为 0~1，0 表示完全没有效益，0.9 表示基本完全满足各种应用场合的性能，而 1.0 表示其效益比令人满意的还要好，且会带来更多的优势，P 也可以用一个公式来计算，见式（3-2）；W_A 是特定场合的可用性加权，其取值范围为 0~1；A 是对预期可用性的评估，其取值范围为 0~1，0 表示可用性非常低（例如，系统非常不可靠），而 1 表示始终都可使用的系统；W_{IC} 是特定场合的投资成本加权，其取值范围为 0~1；IC 是对预期投资成本的评估值，取值范围为 0~1，就投资成本而言，0 表示非常昂贵的解决方案，而 1.0 表示非常经济；W_{OC} 是特定场合的运营成本加权，取值范围为 0~1；OC 是对预期运营成本的评估值，取值范围为 0~1，在运营成本方面，0 表示非常昂贵的解决方案，而 1.0 表示非常经济的解决方案，OC 也可由式（3-3）确定。

加权 W_P、W_A、W_{IC}、W_{OC} 的总和必须为 1.0。

使用式（3-2），就可以强化对性能的评估：

$$P = W_{vel} \times vel + W_{acc} \times acc + W_M \times M + W_{CC} \times CC + W_{RR} \times RR \tag{3-2}$$

式中，P 在式（3-1）中，是某一个解决方案的性能；W_{vel} 是特定场景的速度权重，范围为 0~1；vel 是对预期速度的评估值，取值范围为 0~1，0 表示速度非常慢，0.9 表示速度可以完全满足各种应用场合，1.0 表示速度比令人满意的还要好，具有更多优势；W_{acc} 是特定场合的加速度加权，范围为 0~1；acc 是预期加速度的评估值，范围为 0~1，0 表示极低的加速度，而 1.0 表示系统具有极高的加速度；W_M 是特定场合的可操作性加权，其范围为 0~1；M 是对预期可操纵性的评估值，范围为 0~1，0 表示可操作性非常有限，而 1.0 则表示优异的可操作性；W_{CC} 是特定场合的承载能力加权值，范围为 0~1；CC 是对预期承载力的评估值，取值范围为 0~1，0 表示承载能力极低的解决方案，1.0 表示承载能力极高的解决方案；W_{RR} 是特定场合的空间需求加权，取值范围为 0~1；RR 是对预期空间需求的评估，范围为 0~1；0 表示具有很大空间要求的解决方案，而 1.0 表示仅需很小空间的解决方案。

加权 W_{vel}、W_{acc}、W_M、W_{CC}、W_{RR} 的总和必须为 1.0。

此外，可以使用式（3-3）来强化对运营成本的评估：

$$OC = W_{EC} \times EC + W_{SC} \times SC + W_{SurC} \times SurC \tag{3-3}$$

式中，OC 是某一个解决方案的运营成本，见式（3-1）；W_{EC} 是特定场合中，能源成本的加权值，取值范围为 0~1；EC 是对预期能源成本的评估值，其范围为 0~1，0 表示非常昂贵的解决方案，1.0 表示非常经济的解决方案；W_{SC} 是特定场合服务成本加权值，范围为 0~1；SC 是对预期服务成本的评估值，范围为 0~1，0 表示非常昂贵的解决方案，例如，需要频繁且高费用的维护操作，而 1.0 表示非常经济的解决方案；W_{SurC} 是特定场合中监控成本加权值，范围为 0~1；$SurC$ 是对预期监视成本的评估值，范围为 0 到 1，0 表示费用非常高的解决方案，例如，要求高素质的操作员，且要进行连续性的运行监控，而 1.0 表示非常经济的解决方案，例如，一个完全独立的系统，可以完全确保系统的可用性和安全。

加权 W_{EC}、W_{SC}、W_{SurC} 的总和，其值必须为 1.0。

使用式（3-1）~式（3-3），就可描述自动引导车的解决方案应达到的技术要求。

近年来，客户需求探索也更侧重于客户本人的体验。收集有关客户的信息，可以采用传统的市场调研方法（例如，在家中采访、电话询问调查等），特别是对于创新型产品，还可通过所谓"产品诊所"或"用户诊所"来进行。目前，虚拟现实（VR）和增强现实（AR）等新型技术甚至允许通过虚拟性产品，设法收集有关客户的体验信息。图 3-11 总结了不同的产品体验方式。

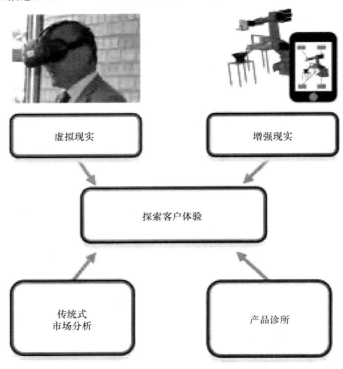

图 3-11 当今客户体验产品的方式

3.3 需求管理

在复杂的产品开发及容错设计和控制过程中,产品需求的特殊作用已在第2.1节中给予了说明。在整个设计过程中,都要始终不疑地考虑客户需求,这是非常重要的。就较为明智的产品需求而言,其主要特征已在 ISO 29148(系统和软件工程—生命周期过程—需求工程)中进行了明确的描述。可以使用自然语言,或有限的词汇和固定句式来形式化地描述和记录需求。确定客观需求(包括规范和技术概念)的目的是制定出需求的详细清单,通过这种方式,就可以对要开发的系统建立明确的共识。为了获得对客户需求的正确理解,并避免模糊歧义性,就应遵循某些规则。我们建议使用直接而简短的句子,并避免使用虚弱性的形容词和副词,例如,更美观。

3.3.1 背景

高效、有效地开发复杂系统,就要更加有意识地对产品需求进行管理,通常简称需求管理,比如,需求的识别和定义、需求的记录存档、建立共识和确认,以及相应的控制和管理措施。目前,有许多与需求管理有关的学术研究活动。在所谓的需求工程中,可以确定其某些工作阶段(图3-12)。

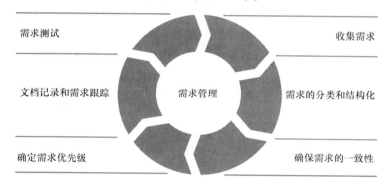

图 3-12 需求管理模型

下面简要解释这些分阶段:

- 收集需求:第一步可以是确定那些基本需求。在设计方法论中,有若干辅助性检验清单,可以用来支持这项初步工作。还有其他可能的方法,可以是基准测试(Benchmarking)和"质量功能部署"(QFD)等方法。还有"故障树分析"(FTA)或"故障模式和影响分析"(FMEA)之类的技术,可以确认某些有关容错的要求。近年来,已很明显地意识到,仅简单地收集产品需求,并不能解决构划系统所有方面的要求。
- 需求的分类和结构化:对于自动引导车之类的复杂系统,很难完整地掌握各种不同的需求,以及它们之间的复杂关系。因此,在研究文献中,经常建议对需求进行分类和结构化。

- 确保需求的一致性:只有在确定了所有具有产品竞争性的需求,并且在一定程度上,建立这些需求之间的均衡和折中前提下,所获得的需求才能保持其一致性。因此,在"确保需求的一致性"阶段,首先涉及确定具有竞争性的需求,这是产品创新的重要来源,应尽早解决。
- 确定需求优先级:为了更有效地对可能出现缺陷的过程进行计划和控制,就要根据需求的重要性,安排将要处理顺序的优先级。
- 文档记录和需求跟踪:自动引导车之类的复杂系统要涉及数百个重要需求。一个系统化、连续性的识别和记录过程才能满足这些要求。
- 需求测试:从最严格意义上讲,测试不是需求管理的一部分。但是可以想象,只有合乎逻辑和管理完善的需求,才能进一步进行仿真模拟和物理测试,以保证有效且高效的测试过程。

当前,软件市场上有大量的需求管理工具,De Gea 等人给出了广泛的介绍。当然,也可以使用开源软件产品,而且这些产品可以提供很完整的功能,例如,基于 Eclipse 的工具 ProR。图 3-13 所示的实例,描述了使用 ProR,对自动引导车的需求进行建模。

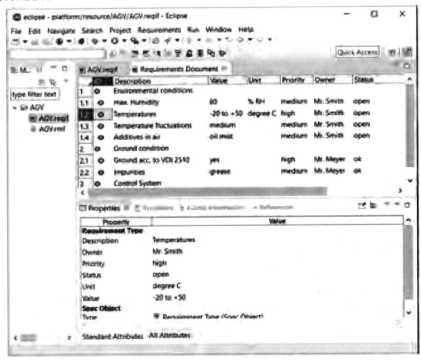

图 3-13　使用 ProR 进行自动引导车的需求管理

在德国，已经建立了一个交换产品需求的统一标准，即所谓的需求交换格式（ReqIF），它是一种格式和数据模型，其中包含需求的结构、属性、类型、访问权限和关系。虽然有这些可用的工具和格式，但还尚未实现与现有产品结构的完整连接。因此，需要新的方法来解决这一问题。有一种比较有前途的方法，就是使用基于图形的语言和模型。

3.3.2　基于模型的需求管理

在过去的20年中，已创建了一个框架，该框架可使用基于图形的语言，实现复杂系统的建模，并已应用于许多工业项目。图3-14显示了这一框架的一般结构。

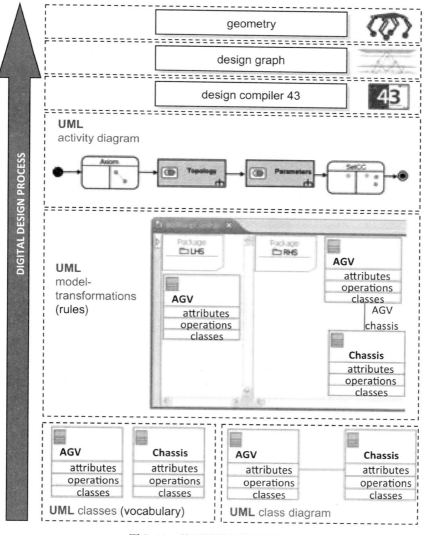

图3-14　基于图形的设计语言

该框架的基本组成元素如图 3-14 底部所示。在图中的左下角，以统一建模语言（UML）中类的表达形式，显示了要建模的产品自动引导车（AGV）。这些组件都可以理解为设计语言中的名词词汇，即所谓类名（Class Name）。在这种类图中，两个类之间的连接可以表示两者之间普遍化（Generalization）或特殊化（Specialization）的关系，而一个所谓的抽象类，它是不能生成实际对象的，比如，自动引导车。图 3-14 的另一个层次，显示了模型转换（又称为规则）。这些规则描述了结构的转换过程，它们是由工程技术人员指定的。这些规则在活动图（Activity Diagram）中进行排列，形成一个规则序列，通过类的实例化就可以执行这些规则。而执行过程由唯一的设计编译器（Compiler）进行，并生成所谓设计图（Design Graph），可以将其理解为更高一级的核心数据模型。从该模型出发，不同的系统界面可以完全以自动化的方式，生成某一领域的特定模型，例如，几何或仿真模型（计算机辅助设计、有限元模型等）。这里，核心数据模型的内容可以包括组件的几何形状，也可以涉及其物理特性、材料或功能。考虑到这种复杂方法的具体应用，有必要分析行业的应用环境。

3.3.3 行业情况

本节的主要研究问题可以表达为：如何使用基于图形的设计语言，以一种更有力的方式，应用于需求管理？这种研究被 Blessing 和 Chakrabarti 定义为研究项目的类型，其目的就是研究一种新的方法。通常的产品研究程序如图 3-15 所示。

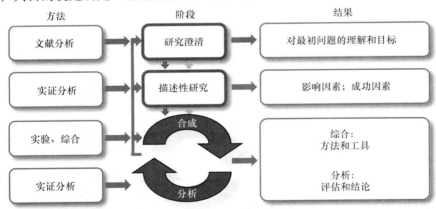

图 3-15　通常的产品研究程序

第一个阶段称为研究证明，它是通过广泛和深入的文献分析，获得对产品的初步理解。在此基础上，就可开始进行产品描述性研究，这其中包括对工业现状的分析。作为其结果，可生成一个产品影响因素列表。在后期阶段，多次进行重复性的方案合成和分析，以开发出最为有效的方法。将方法和工具有机地合成，与相关工程技术人员进行连续性的分析。

在自动引导车开发中，首先对该行业的现状进行了分析，可得出这样的见解：这是一个在各个不同阶段，都要与客户密切接触的过程。通常，自动引导车必须在一个现有或正处在开发阶段的复杂系统中，执行其特定任务。在这里，搞清楚如气候条件（温度、温度波动、湿度等）、地面状况（承载力、清洁度、摩擦特性等）的使用环境条件，就显得非常重要。作为一种频繁使用的运输工具，还必须明确其负载变化的可能性和必要性。这还涉及行驶路径途中是否存在某些障碍物，以及上坡或下坡路段的特性。最后，但并非最不重要的一点是，还需了解控制系统的可能性和必要性，以及所需的容错级别。

工业企业需求管理有以下几个特征。

- 详细地阐述一个简洁的、跨学科、完整的需求规范，这通常是很有意义的。
- 客户需求是产品开发过程中的一个核心要素，因为它为产品开发人员提供了所需要的，且必不可少的产品信息。
- 能否满足最终客户的需求，对于开发过程成功与否至关重要。
- 卡诺模型（详见第 3.2 节）说明了不同客户利益之间的差异。
- 引入能代表整个客户类别的虚拟客户，一般是有益的。
- 产品设计要求包含两个不同的功能：记录和存档最终产品的要求，使设计人员可以在其基础上合成解决方案。
- 没有有效的需求变更管理，将会导致产品开发项目失败。
- 将产品需求模型集成在基于图形的域和产品模型中，这就在设计实践中，提供了调查需求一致性的可能性。
- 将产品需求模型集成在基于图形的域和产品模型中，如果该产品模型覆盖了整个产品生命周期，则可在这一周期内的所有阶段，跟踪这些需求的实施状况。

3.3.4 自动引导车辆需求管理

使用基于图形的设计语言进行产品开发，该过程的第一步是建立产品子系统或组件的词汇表，即统一建模语言（UML）的类（比较图 3-14）。比如，为了开发设计自动引导车，就创建了以下这些类别（图 3-16）。

其中，每个类描述了各个组件的核心属性，例如，几何尺寸（长度、宽度和高度）和机电属性，例如，驱动电机的最大可输出转矩。此外，类的操作在其属性下面列出，这些操作可能是某些计算。

这些类之间的关系（Connection）也表示在类图中，这可以是两个类之间的关联（Association）、普遍化/专业化（Generalization/Specialization）关系，以及与其他类没有直接关系的抽象类（AbstractClass）。这些类相互连接构成一个结构，又称为类图（Class Diagram）。当然，也可以使用来自其他类图中的类，来扩展设计语言的功能。图 3-17 显示了一个类图。

抽象类的一个示例就是 MechElement 类，这其中包括 elemCost（即成本，以欧

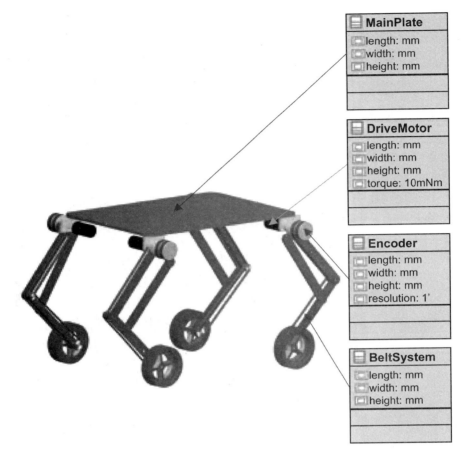

图 3-16　自动引导车组件的 UML 类描述

元为单位）和 elemMass（即质量，以克为单位）之类的属性，所有实际类（Concrete Class）均从这一抽象类继承上述属性。虽然类图显示了类之间组合及所有可能的类型，但是规则确定了实际类的组合。例如，如果在类图中确定自动引导车的底盘有车轮，则规则将指定都有哪些车轮和有多少个车轮。类图的规则如图 3-18 所示。

可以通过图形方式来定义规则，也可以通过所谓的"JavaRules"定义规则，这是由 Java 代码生成 UML 转换。通常，任何一个系统都可以抽象为几个组成部分，及其相应的抽象几何形式。这些组成部分可以通过类图（Class Diagram）进行组织。这样的词汇表可与规则一起使用，就可生成产品的几何模型。图 3-19 表示了数字化产品开发周期。

自动引导车的组成部分在类图中进行了组织性描述。除了图 3-18 之外，工程技术人员还可定义规则，规则被用于生成类图。由此，可以生成所谓的设计图，这

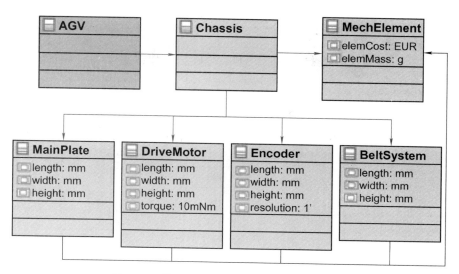

图 3-17 使用 UML 类图描述自动引导车结构

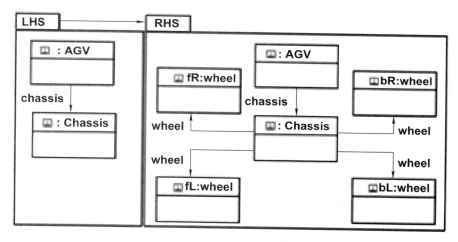

图 3-18 类图的规则

是一个核心性的数据模型，该模型可以用于多个建模目的和仿真计算，例如，计算机辅助设计（CAD）、有限元方法（FEM）或多体系统（MBS）。

这种数字产品开发过程可以实现需求管理的一致性集成。这种方法的一个主要特征，就是建立产品需求与产品模型之间的联系，而产品模型跨越学科并覆盖产品的整个生命周期。只有当整个自动引导车可以满足所需的特性，才可将需求连接到自动引导车的模块或组件，也可以连接到整车。这就导致了自动引导车中类与需求之间的关联。可以通过在需求类中引入一个属性 RelatedToPart 来实现。在图 3-20 中，就描述了自动引导车的需求类图。

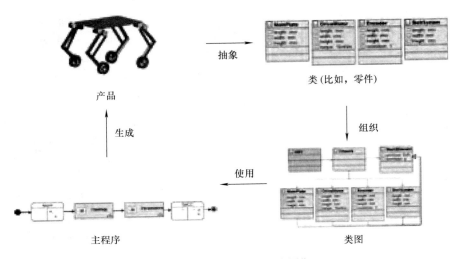

图 3-19 数字化产品开发周期

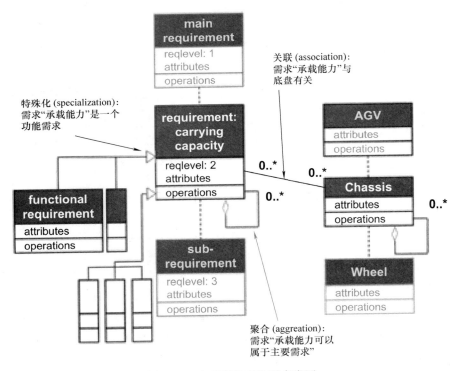

图 3-20 自动引导车的需求类图

在图 3-20 的中部可以看到，对自动引导车的一个典型要求，即其承载能力，就是它可以运输的货物的重量。此要求属于功能性要求（参见图 3-20 的左侧），并连接到自动引导车的底盘（图 3-20 右侧）。这一产品结构也如图 3-21 所示。

在最上层，整个自动引导车（AGV）及其环境（Environment of AGV）都已确定，并已连接到所相应的需求，特别是在此级别上，这些需求不能再分配给不同的子系统或组件。在下面一级，底盘（Chassis）作为一个主要的组件，也已连接到相应的需求，就此建立需求与组件的联系。下一个较低的级别有两个子系统，即前单元（Front_Unit）和后单元（Back_Unit），两者都连接到其相应的需求。在更低的子系统级别上，就是左臂单元（Left_Arm_Unit）和右臂单元（Right_Arm_Unit），二者也都连接到与其相关的需求。这一产品结构的最低级别就是电动机（Motor）或编码器（Encoder）之类的组件，以及传动带单元（BeltUnit）等子组件，这些组件均可以与相应的需求联系在一起。

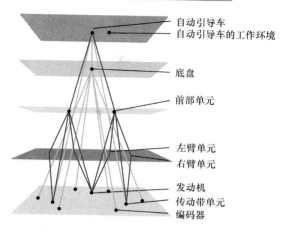

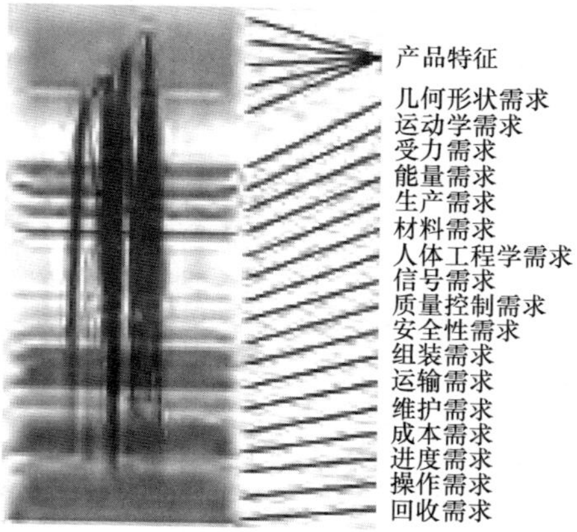

图 3-21 需求与不同级别组件的连接

除了产品结构中的连接（图 3-20 左侧），该系统模型还可以与其他分类相关联，例如，按功能区分的需求，即子系统或组件需要哪些功能以及相应的质量要求，要求哪些功能和质量特征，比如，无腐蚀性及结构化，哪些结构特征是直接需要的，甚至需要使用哪些预先定义的模块（图 3-20 右侧）。图 3-22 显示了更为详细的需求分类。

图 3-22 的上层，表示了图 3-21 所示的产品结构。在其下面的级别上，需求是根据 Becattini 等人的分类法构建的，这些要求包括几何形状、运动学、受力、能量、生产、材料、信号、安全性、人体工程学、质量控制、组装、运输、操作、维护、回收、成本和进度等，这些需求作为检查清单，主要用于概念设计。

图 3-22 产品结构和需求设计图示例

接下来的部分，将解释在需求管理的某些阶段中，基于模型式方法的主要优点（比较图 3-12）以及与容错问题之间的关系。

- 收集需求：这是工业产品开发中的一个关键性步骤。考虑到产品需求与产品结构的关系，这很容易导致需求收集工作中的某些盲点。比如，如果一个组件或零部件未与其特定需求关联,这将是非常不利的。这就要求一种更深入,对重要性需求,面向目标的需求搜索。虽然有可能在核心模型中描述和表示功能,但这还必须在需求集合中检测到可能的盲点。因为在功能级别上,可以对容错进行建模(见第2.2节),这也有助于收集与容错有关的需求。

- 需求的分类和结构化:对需求进行分类和结构化,这是基于模型性需求管理的主要重点。这种建立与产品结构相关联的可能性几乎是无限的,还包含许多跨越学科的信息,但为了能集成大量的分类法,就应对需求进行非常详细的区分和系统化,建立一个多层次模型。这可为众多需求的合成、完善和分析活动提供最佳的基础。
- 需求的一致性:基于模型的需求管理,这就提供了各种可能性来确保需求的一致性。其中,将不同分类法和产品结构关联,就大大扩展了需求信息的内容,并允许应用一致性检查算法。这种算法的开发也正在进行中。
- 需求的优先级:在工业行业中,经理人员通常更关注和强调工作和任务的优先级别。而准确的优先级划分就需要对整个设计空间,进行跨学科的探索和思考。可执行的设计语言,以及在参数、拓扑和解决方案方面进行配置管理,都为此提供了广泛的可能性,有助于促进这项工作。基于模型的需求管理可产生需求的透明性,这也可以支持对有关容错需求进行优先级排序,因为有时这些技术性需求与经济性要求相互冲突,要证明它们各自的重要性并非容易。
- 文档记录和需求跟踪:基于模型的需求管理,辅助以基于图形的设计语言,就可以将需求结构引入下一个组织级别,这就是通过跨学科和生命周期的产品模型进行需求管理模型集成。唯一性的需求标识和核心型数据模型,都可支持连续性的跟踪需求贯彻执行情况。这里将容错的要求存档和跟踪,这两点非常重要,而且是至关重要,因为这些要求会对许多子系统和组件产生影响,例如,传感器、执行器和控制系统。对这些核心性要求,基于模型的需求管理可提供增强其可见性的可能性。
- 需求测试:由于需求与产品结构的关系,这就强调了要在不同系统集成级别、不同学科领域中,进行众多的测试工作。在较大的解决方案空间内,可以尽早进行某些仿真模拟工作,以减少后期进行大量实际测试的需求。一个详尽的系统模型更有助于测试有关容错的要求,因为在此类模型中,错误或故障的传播是透明化和可追溯的。

将核心的数据模型中的需求进行结构化记录存档,这可为跨学科系统设计提供最佳的基础。

3.4 系统设计

一旦客户需求已经初步确定,并结构化和记录在案,就可以在系统设计阶段,制定由核心组件和逻辑操作构成的初始解决方案。在这个阶段，最主要的挑战是方案的跨学科特性，对此，至今还没有可用的抽象性功能描述语言。

某些描述语言有其使用潜力，例如，"系统建模语言"（SysML），但尚未被工业企业所接受，而且，机械和电气领域的传统工程技术人员尚不了解这些模型。此外，SysML还具有无法对模型进行实例化和编译的缺点，因此，SysML仅限于在系统设计的抽象阶段中使用，并且仅允许在非常有限的程度上进行配置选择。但是，即使有经验的工程技术人员，一般也不能理解由统一建模语言（UML）描述的系统模型。

统一建模语言（UML）具有以下优点：它可以与基于图形的设计语言结合使用，进行实例化和代码编译（由软件执行），因此可以进行广泛的配置探索（比较第2.1节）。重要的是，这种探索不仅限于涉及参数变化性的配置，而且还涉及拓扑和学科变化。因此，在早期探索大型、跨学科的产品解决方案中，这已变得逐步可行。对于抽象的跨学科系统建模，以下方面的信息是必要的：

- 输入/输出：在描述输入和输出状态方面，一个抽象的系统模型至少应该能够对其物质、能量和信号流进行建模。
- 聚合/分解：一个抽象的系统模型应能反映出系统的层次型结构。
- 功能：一个抽象的系统模型应能描述系统的功能转换关系。
- 广泛化/专业化：一个抽象的系统模型应具有从多个客观事物中，抽取其共有状态和行为表现的能力，例如，悬架部件和传动系部件，二者都属于"机械类零部件"，它们具有某些共同的属性，例如，几何尺寸或本身重量。

Ramsaier等人以四轴直升机的开发为例，在基于模型的工程中，使用基于图形的语言来描述这些方面。一个通用的系统模型可以将所有相关学科的重要组件、结构和功能方面结合起来，并在一个一致性的模型中，探索其设计空间，这包括子系统和组件的拓扑和学科领域的更改，以及不仅在逻辑上，而且在功能上寻求实现最佳的解决方案。在此阶段中，可以在通用系统模型中定义抽象的容错机制。由此产生的方案可以作为各学科领域的坚实设计基础。

3.5 行业特定的设计

就行业特定的设计而言，主要挑战是其产品的复杂性，例如，自动引导车，对其开发技术系统，在其各个生命周期都有大量的要求。但比较幸运的是，在所有不同的行业领域中，都已经有许多成熟的理论、方法和工具，来协助这一设计阶段。在这一阶段可以实现产品改进，是否有需求管理和更新，存在可跨越学科的系统模型，并且可供相关的工程技术人员使用。在不同的行业领域，工程技术人员要实现所需的容错水平，都可在需求中通过冗余、鲁棒性设计、预测和虚拟传感器等方案中给予定义。最好的做法是明确地分配工作责任，并向一名相关人员汇报是否存在错误，如果在方案的验证过程中检测到容错的缺陷，可防止以后的更改（可参考第 3.7 节）。

3.6　系统集成

在系统集成阶段，其特点是在许多前期阶段，通常都已进行了不同程度的集成，为对系统进行集成，应在不同的级别上为某些验证/确认步骤做好准备。这可以以自动引导车的示例进行解释。如果首先尝试设计出产品的每个具体细节，然后测试整个产品是否能具备所需的功能，则这种做法是很不明智的。这种方法的缺点就是在设计过程的晚期，才能发现产品设计缺陷，这不是最佳解决方案，而且会导致大量修改经费支出。因此，在零件级别就开始验证和确认是最为明智的，比如，可确保诸如电动机之类的组件能够正常工作（对于供应商而言，这应该在项目之前完成，只是可能尚未考虑其真实工作环境）。而下一个集成级别就是组件，例如，配备有驱动电机和编码器的悬架臂。这些组件的功能应该无需全部组装，就可对其进行测试。重要的是要注意，各种功能计算和仿真模拟也起着非常重要的作用。而最终的集成级别，还必须包括对组件之间的数据通信进行深入的测试。而且，系统组件之间的接口也非常重要。可以用这一方式来描述接口：

- 物质、能量或信号，通过各自的接口相连接。
- 接口两端的产品功能、几何特性和软件句法兼容性。
- 共用功能需要接口两端的协调特性（比如，电器的密封、适当的几何形状和外表等）。

如上所述，一个系统的集成与许多级别的验证和确认都相关联。

3.7　验证与确认

对一个技术系统进行验证，就是考察该系统在其开发过程中，是否能符合所预定的需求，而确认则需要更多的领域，进行测试以评估系统是否满足特定的客户需求。对于验证、计算和仿真工作，都有相应的工具，可以提高其工作效率。此外，所谓的"X 在环"验证过程（例如，硬件在环），可将物理测试与模拟仿真结合起来，促进系统的早期验证，大大降低开发过程的风险。跨越系统的产品模型，即采用模块化结构，可以简化和加速"X 在环"验证过程。如果有这类要求，即在相同的系统模型中，对每个技术系统都存在指定的功能，就可以创建一个理想情况。

通常，验证容错是一个很简单的过程，在这种情况下，故障是在人工环境中实现的（与实际环境足够相似），记录和评估各个组件、构件或系统的故障反应和运作行为。例如，对自动引导车而言，应该容忍出现"轮胎压力损失"故障，工程技术人员将降低一个或多个轮胎的压力,并在人工模拟,但近乎现实的操作场景中,记录车辆的驾驶行为,并对故障前后的结果进行比较,确认这种行为是否符合规定的要求,以验证这一特定方面的容错能力。

但是,容错的验证需要真正的客户进行现场测试,在这种情况下,如果出现故障就可能会出现严重问题,这是因为客户的设备,甚至员工的健康都可能受到威胁。因此,容错的验证就要求对此负责的工程技术人员,有意识、详细和全面地准备验证计划,并对可能出现的最坏情况,有足够的考虑和应急准备。但在某些情况下,甚至无法验证某些故障的容错性,在这种情况下,技术人员就需要依靠验证结果,同时借助于故障树分析(FTA)和失效模式与影响分析(FMEA)。

这里必须指出,对技术系统的容错质量而言,如果可以尽可能地在早期有所了解和掌控,这可能是非常有帮助的。在产品开发过程的早期阶段,就对产品的一般属性有确定的见解,这对容错质量也是极为有效的,因为,通常在产品生命周期中,为了达到一定的预期容错水平,随着使用时间的推移,进行产品更改的成本费用会逐渐增加(图3-23)。

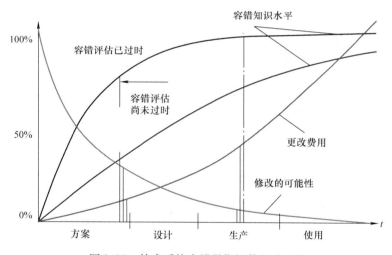

图 3-23　技术系统容错早期评估的重要性

为了达到预期的容错水平,图3-23描述了相应产品更改费用的增加情况,以及进行更改的可能性。在产品生命周期中,随着时间的推移,这些更改的可能性越来越小,因为某些根本性问题,例如,基本方案、组件以及生产工具,通常很难在后期再进行更改,比如,复杂的辅助工具和加工刀具。此外,就容错知识水平而言,即工程技术人员的知识,以保证能最终实现某些容错的功能,这可有两种情况:在常规情况下,对所开发的技术系统的容错质量和功能,当时并没有特别的投入和关注;如果工程技术人员有意识地尝试在开发过程的早期阶段,就开始探索正在开发系统的容错质量和功能,这就是一种改进的情况。这时相应的方法可以归纳为"容错的早期评估"。对容错的早期评估可以理解为一种提前的工作方式，它可以包括"故障树分析"（FTA）和"失效模式与影响分析"（FMEA）之类的方法，但最要强调的是要有意识地计划和进行容错实验和模拟，通过这些实验和模拟可以探索出系统出现故障时的行为表现。制定容错早期评估的目标，收集和将准则、方法和工具系统化，这仍需要更多的研究工作。

3.8 小结

诸如自动引导车之类的复杂系统，一般是通过机械、电气和电子组件、液压件，以及软件的相互作用，来实现其预定功能的。这种系统的开发设计很具有挑战性，并且只能通过精心设计的过程和可用的集成模型，才能以有效的方式进行。本章的内容正是介绍了此类过程的几个重要方面。以需求工程为例，作为产品开发过程中一个必不可少的部分，我们还详细地解释了如何使用基于图形的描述语言，进行系统建模的可能性。这在整个过程中，容错控制和设计在各个方面都起着重要的作用。

参 考 文 献

1. Albers, A., Brudniok, S.: Methodische Entwicklung von hochintegrierten mechatronischen Systemen am Beispiel eines humanoiden Roboters. In: VDI-Bericht 1971: Mechatronik 2007-Innovative Produktentwicklung -Maschinenbau, Elektrotechnik, Informationstechnik (2007)
2. Albers, A., Deigendesch, T., Meboldt, M.: Information integration and cooperation in product development by utilization of wikis. In: Proceedings of the Conference Tools and Methods for Competitive Engineering, TMCE 2008 (2008)
3. Almefelt, L., Berglund, F., Nilsson, P., Malmqvist, J.: Requirements management in practice: findings from an empirical study in the automotive industry. Res. Eng. Des. 17(3), 113–134 (2006)
4. Arnold, P., Rudolph, S.: Bridging the gap between product design and product manufacturing by means of graph-based design languages. In: Proceedings of the 9th International Symposium on Tools and Methods of Competitive Engineering (TMCE 2012) (2012)
5. Bathelt, J., Joensson, A., Bacs, C., Kunz, A., Meier, M.: Conceptual design approach for mechatronic systems controlled by a programmable logic controller (PLC). In: Proceedings of ICED03, International Conference on Engineering Design (2003)
6. Bathelt, J., Joensson, A., Bacs, C., Dierssen, A., Meier, M.: Applying the new VDI design guideline 2206 on mechatronic systems controlled by a PLC. In: Proceedings of ICED05, International Conference on Engineering Design (2005)
7. Becattini, N., Cascini, G., Rotini, F.: Requirements checklists: benchmarking the comprehensiveness of the design specification. In: Proceedings of the 20th International Conference on Engineering Design (ICED15)
8. Bernard, R., Irlinger, R.: About watches and cars: winning R and D strategies in two branches. In: International Symposium "Engineering Design The Art of Building Networks" (2016)
9. Bernard, R., Stetter, R.: Early determination of product properties. In: Proceedings of International Conference on Engineering Design ICED 97, Tampere, vol. 2, pp. 675–680 (1997)
10. Bernardi, M., Bley, H., Schmitt, B.: Integrating a mechatronics-oriented development process into a development department. In: Proceedings of CIRP, Budapest (2004)
11. Bertsche, B.: Reliability in Automotive and Mechanical Engineering. Springer, Berlin (2008)
12. Blessing, L.T.M., Chakrabarti, A.: DRM, a Design Research Methodology. Springer, Berlin

(2009)
13. Bludau, C., Welp, E.: Semantic web services for the knowledge-based design of mechatronic systems. In: Proceedings of ICED05, International Conference on Engineering Design (2005)
14. Borgianni, Y., Rotini, F.: Stakeholders diverging perceptions of product requirements: implications in the design practice. In: Proceedings of the 20th International Conference on Engineering Design (ICED15) (2015)
15. Braun, S., Lindemann, U.: Multiplanare vernetzungen abhngigkeiten zwischen produktkonzept, produkterstellungsprozess und ressourcenverbrauch in der mechatronik. In: Multiplanare Vernetzungen Abhngigkeiten zwischen Produktkonzept, Produkterstellungsprozess und Ressourcenverbrauch in der Mechatronik (2007)
16. Breuer, H., Wogatzky, M., Steinhoff, F.: User clinic formats and their value contribution to innovation projects. In: Proceeding of the 2nd International Society for Professional Innovation Management (ISPIM) Innovation Symposium, New York (2009)
17. Buehne, S., Herrmann, A.: Handbuch Requirements Management nach IREB Standard. Aus- und Weiterbildung zum IREB Certified Professional for Requirements Engineering Advanced Level Requirements Management. IREB e.V. (2015)
18. Carlson, C.S.: Effective FMEAs: Achieving Safe, Reliable, and Economical Products and Processes Using Failure Mode and Effects Analysis. Wiley, New York (2012)
19. Carrillo de Gea, J.M., Nicolas, J., Fernandez Aleman, J.L., Toval, A., Ebert, C., Vizca, A.: Requirements engineering tools: capabilities, survey and assessment. Inf. Softw. Technol. **54**(10), 1142–1157 (2012)
20. Compiler 43: developed by the IILS mbH in cooperation with the University of Stuttgart
21. Daenzer, W.F., Huber, F.: Systems Engineering Methodik und Praxis. Verlag Industrielle Organisation, Zurich (2002)
22. Darlington, M.J., Culley, S.J.: A model of factors influencing the design requirement. Des. Stud. **25**(4), 329–350 (2004)
23. Ebert, C., Jastram, M.: ReqIF: seamless requirements interchange format between business partners. IEEE Softw. **29**(5), 82–87 (2012)
24. Ehrlenspiel, K., Meerkamm, H.: Integrierte Produktentwicklung. Denkabläufe, Methodeneinsatz, Zusammenarbeit. Carl Hanser Verlag, Munich (2013)
25. Gausemeier, J., Moehringer, S.: New guideline VDI 2206 a flexible procedure model for the design of mechatronic systems. In: Proceedings of the 14th International Conference on Engineering Design (ICED03) (2003)
26. Gross, J., Rudolph, S.: Generating simulation models from UML a FireSat example. In: Proceedings of the 2012 Symposium on Theory of Modeling and Simulation DEVS Integrative M and S Symposium (2012)
27. Hellenbrand, D.: Transdisziplinre Planung und Synchronisation mechatronischer Produktentwicklungsprozesse. Dissertation Technische Universitaet Muenchen (2013)
28. Holder, K., Zech, A., Ramsaier, M., Stetter, R., Niedermeier, H.-P., Rudolph, S., Till, M.: Model-based requirements management in gear systems design based on graph-based design languages. Appl. Sci. **7** (2017)
29. Hruschka, P.: Business Analysis und Requirements Engineering: Produkte und Prozesse nachhaltig verbessern. Hanser, Munich (2014)
30. ISO/IEC/IEEE 29148:2011: systems and software engineering - life cycle processes - requirements engineering
31. Jansen, S., Welp, E.: Model-based design of actuation concepts: a support for domain allocation in mechatronics. In: Proceedings of ICED05, International Conference on Engineering Design (2005)
32. Jiao, J., Chen, C.H.: Customer requirement management in product development: a review of research issues. Concurr. Eng. Res. Appl. **14**(3), 173–185 (2006)
33. Kano, N., Seraku, N., Takahashi, F., Tsuji, S.: Attractive quality and must-be quality. J. Jpn. Soc. Qual. Control **14**(2), 147–156 (1984)
34. Klein, T.P.: Agiles Engineering im Maschinen- und Anlagenbau. Dissertation Technische Universitaet Muenchen (2016)
35. Klein, T.P., Reinhart, G.: Towards agile engineering of mechatronic systems in machinery and

plant construction. Procedia CIRP **52**, 68–73 (2016)
36. Li, H.-X., Lu, X.: System Design and Control Integration for Advanced Manufacturing. Wiley, Zurich (2015)
37. Lindemann, U., Stetter, R.: Industrial application of the method "early determination of product properties". In: Proceedings of the ASME 1998 Design Engineering Technical Conferences and Computers in Engineering Conference, Atlanta (1998)
38. Maximini, D.: Scrum - Einfhrung in der Unternehmenspraxis. Springer, Berlin (2013)
39. Morkos, B., Mathieson, J., Summers, J.D.: Comparative analysis of requirements change prediction models: manual, linguistic, and neural network. Res. Eng. Des. **25** (2014)
40. Pahl, G., Beitz, W., Feldhusen, J., Grote, K.H.: Engineering Design: a Systematic Approach. Springer, Berlin (2007)
41. Pfitzer, S., Rudolph, S.: Re-engineering exterior design: generation of cars by means of a formal graph-based engineering design language. In: Proceedings of the 16th International Conference on Engineering Design (ICED07) (2007)
42. Ponn, J., Lindemann, U.: Konzeptentwicklung und Gestaltung technischer Produkte. Springer, Berlin (2011)
43. Preussig, J.: Agiles Projektmanagement. Haufe (2015)
44. Ramsaier, M., Spindler, C., Stetter, R., Rudolph, S., Till, M.: Digital representation in multi-copter design along the product life-cycle. Procedia CIRP **62**, 559–564 (2016)
45. Ramsaier, M., Holder, K., Zech, A., Stetter, R., Rudolph, S., Till, M.: Digital representation of product functions in multicopter design. In: Proceedings of the 21st International Conference on Engineering Design (ICED 17) vol 1: Resource Sensitive Design, Design Research Applications and Case Studies (2017)
46. Roelofsen, J.: Situationsspezifische Planung von Produktentwicklungsprozessen. Dissertation Technische Universität München (2011)
47. Rudolph, S.: Aufbau und einsatz von entwurfssprachen fr den ingenieurentwurf. In: Forum Knowledge Based Engineering, CAT-PRO (2003)
48. Schwaber, K.: Agile Project Management with Scrum. Microsoft Press, Redmond (2004)
49. Stetter, R.: Method implementation in integrated product development. Dissertation Technische Universitaet Muenchen. Dr.-Hut (2000)
50. Stetter, R.: Adoption and refusal of design strategies, methods, and tools in automotive industry. In: Chakrabarti, A., Lindemann, U. (eds.) Impact of Design Research on Industrial Practice. Tools, Technology, and Training, pp. 451–464. Springer, Cham (2015)
51. Stetter, R., Lindemann, U.: Transferring methods to industry. In: Clarkson, P.J., Eckert, C.M. (eds.) Design Process Improvement. Springer, Berlin (2005)
52. Stetter, R., Paczynski, A., Zajac, M.: Methodical development of innovative robot drives. J. Mech. Eng. (Strojniski vestnik) **54**, 486–498 (2008)
53. Stetter, R., Seemüller, H., Chami, M., Voos, H.: Interdisciplinary system model for agent-supported mechatronic design. In: Proceedings of the 18th International Conference on Engineering Design (ICED11)
54. Sudin, M.N., Ahmed-Kristensen, S., Andreasen, M.M.: The role of a specification in the design process: a case study. In: Proccedings of the International Design Conference - Design 2010 (2015)
55. Ullah, S., Tamaki, J.: Analysis of Kano-model-based customer needs for product development. Syst. Eng. **14**(2), 154–172 (2011)
56. VDI 2206:2004-06: design methodology for mechatronic systems
57. VDI 2221:1993-05: systematic approach to the development and design of technical systems and products
58. VDI 2422:1994-02: systematical development of devices controlled by microelectronics
59. Vogel, S., Arnold, P.: Object-orientation in graph-based design grammars (2017). arXiv:1712.07204
60. Weilkiens, T.: Systems Engineering mit SysML/UML: Anforderungen, Analyse, Architektur. Dpunkt.verlag, Heidelberg (2014)
61. Zhang, Z., Li, X., Liz, Z.: A closed-loop based framework for design requirement management. In: Moving Integrated Product Development to Service Clouds in the Global Economy. Proceedings of the 21st ISPE Inc. International Conference on Concurrent Engineering (2014)

第4章　自动引导车虚拟诊断传感器的设计

所谓诊断传感器，即进行"故障检测和识别"（FDI）的传感器，对于容错控制技术至关重要。本章旨在介绍一种合成传感器信息的创新方法，而在这种情况下，没有合适的传感器数据，或者传感器数据不够可靠。这时，仍然可由数学模型生成可靠的传感器信息，从而创建所谓虚拟传感器。下面将以一种自动引导车为例，说明创新型虚拟传感器的开发和应用。通常，自动引导车多使用于物流业务，对其系统的容错能力要求很高，因为一辆自动引导车的故障一般都可以得到补偿。但是，在某些操作条件下，例如，光滑的地板和轮胎气压损失，可能会导致自动引导车运行出现问题。因此，诊断传感器是容错型自动引导车的一个安全基石，这也是本章的中心内容。本节的内容多是作者本人的研究成果。

首先，第4.1节对现有技术进行了总结性概述。在第4.2节中，对若干具体的研究问题进行了讨论。第4.3节介绍了某些在设计初始阶段，应该引起注意的基本事项，这些对于解决所要研究的问题，以及描述离散事件系统，都是必不可少的。自动引导车的独特设计和实现，以用于说明和验证工作，将在第4.4节中给予说明。第4.5节介绍了所需的数学知识基础。第4.6节提出了一种虚拟性诊断传感器的设计策略。第4.7节介绍了该策略，以及针对自动引导车问题的具体实施。第4.8节列举了若干实验结果，清楚地表明了这一开发方法的实际性能。

4.1　技术现状

目前，自动引导车已进入人类生活的许多领域，例如工业生产和物料运输。但是，这些车辆的容错控制性能，对企业和机构而言，仍然还面临一些挑战。其中，一个主要的挑战是如何可靠地开发和使用传感器。为了测量自动引导车内部状态以及周围环境的外部状态，就需要使用到各种传感器，甚至还可能需要其他自动引导车作为辅助。在某些情况下，甚至需要传感器来触发和启动自动引导车的主要功能。这里有一个著名的例子，就是在德国拉芬斯堡－魏恩加滕应用技术大学开发的一种创新型自动引导车（图4-1）。

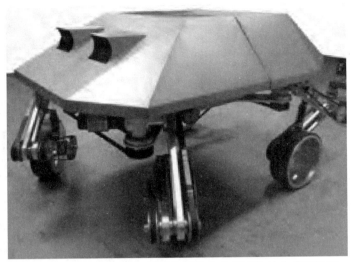

图 4-1 拉芬斯堡-魏恩加滕应用技术大学开发的自动引导车

该自动引导车配备了一个独特的转向系统，它具备近乎无限的可操纵性，但这需要可靠的传感器数据。这一转向系统如图 4-2 所示。

这种自动引导车的四个车轮分别由各自的可控电动机单独驱动。车轮固定在各自的悬臂梁上，而悬臂可绕其横向（垂直向）轴旋转，横向轴不在车轮与地面的中心位置。因此，车轮的纵向力是驱动自动引导车行进所必需的，它由每个车轴的转动力矩产生，以控制悬臂和车轮的旋转方向。为了提

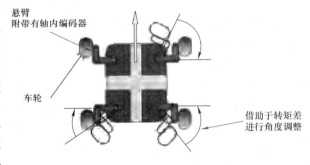

图 4-2 转向系统

高车辆的可控性和驾驶性能，车轮的两个前悬臂和两个后悬臂都通过同步带进行连接，从而在前后两个车轮上都获得相同的转向角。这样可以实现快速加速，并减少车轮接触表面光滑性的影响。

如上所述，这样的转向系统需要可靠的传感器数据，这可以通过补充虚拟传感器来实现。为了合成虚拟测量数据，虚拟传感器采用了适当的数学模型和其他信息源，例如其他传感器或执行器的状态信息。这些虚拟传感器可以增强自动引导车的容错能力。这里所描述的工作主要是虚拟传感器的设计，用来确定作用在自动引导车上的力和转矩。为此，应用了二阶有界性方法。这种方法允许作用在自动引导车上的力可接受有限的干扰。它不依赖于复杂的轮胎模型，取而代之的是使用加速度和偏航率传感器的测量值，以合成出有关力和转矩的可靠虚拟信息。这些测量可以用于实现多种诊断过程，例如检测或预防故障。

自动引导车的主要应用领域是较为重要的物流场合。它可用于装配线、仓库和生产车间，与其他类型的物流系统相比，它具有多个优势：自动引导车更为灵活，具有可替代性，且更智能化，仅需较小的地面空间，并且初始安装所需的时间和成本相对较少。可惜的是，自动引导车在效率和灵活性方面的巨大潜力尚未得到完全开发，因为自动引导车通常仅承担简单的工作，例如货物的装卸，并且仅采用固定的引导技术，例如磁性或光学导引。而导致这些情况的一个主要原因，可能在于其硬件设计。

传统的转向系统（例如阿克曼转向系统）仅具有有限的操纵能力，并可能需要大量的运动空间。但导致自动引导车不能广泛使用的另一个主要问题是传感器的成本费用高、传感器数据过滤的复杂性和难度、传感器数据的可信度评估和传感器融合问题。

如果自动引导车在真实环境中运行，并执行实际性操作，那么某些数据参数会出现变化，例如，地面出现打滑、车轮的直径和重量发生变化，这可能是载荷分配不均、本身制造缺陷和物料成分不等的原因造成的。在这种情况下，就很难将可靠的传感器数据进行合成。而且，当前自动引导车的使用率相对较低，这可能是由于其设计的灵活性、可用性和可靠性受到限制而造成的。因此，本章所介绍的内容就是虚拟传感器的优化设计开发方法。为了提高自动引导车的使用效率和可靠性，可将两种方法相结合：新型的自动引导车具有创新设计理念，具有无限的机动能力；虚拟诊断传感器可提供传感器的可靠信息，而不会引起额外费用支出。

4.2　所要研究的问题与结构

容错控制系统的主要优点之一，就是即使发生一个或多个故障，它们仍可以满足控制目标。但是，由于传感器本身成本高或者缺乏可靠工作的能力，常常会妨碍应用于许多颇有前途的系统。要解决这类问题，其中一种较有前途的方法就是采用所谓虚拟传感器，主要是用于诊断目的。虚拟传感器使用一定的数学模型。这种模型主要是面向过程和测量数据，这些数据来自自动引导车本身和它周围的环境，用以估算某些无法测量到的数据参数。目前，已有几种旨在设计虚拟诊断传感器更具研究性的方法，例如，基于观测器、基于卡尔曼滤波器和基于参数识别的方法。

本章所描述的研究工作，主要专注于一种创新型方法，用于设计虚拟传感器，该传感器主要测量作用在自动引导车上的纵向力和转矩数据。在这种创新方法中，使用了二阶有界（QB）方法。可以包含作用在自动引导车上的有限干扰。另外，该方法避免了不必要的状态估计，因为有关状态的信息完全可以通过测量获得。该方法的主要优点就是无需使用复杂的轮胎模型。通常，由于对这种模型的依赖性，限制了当前许多种方法的使用性能。

因此，可以提出以下的主要研究课题：这种基于二阶有界法，要对自动引导车的纵向力和转矩进行测量的虚拟传感器,究竟有多可靠?

为此,我们使用创新型的设计方法,对这种传感器进行了解释和验证,可以说,它具有无限的机动能力,但是需要可靠的传感器信息。该系统被描述为离散时间系统。

4.3 离散时间系统的描述

首先,可用以下公式描述离散时间系统:

$$x_{k+1} = Ax_k + Bu_k + Bd_k + W_{wk} \quad (4-1)$$

式中,$x_k \in X \subset \mathbb{R}^n$ 是状态向量,$u_k \in U \subset \mathbb{R}^r$ 代表输入,$d_k \in \mathbb{R}^{n_d}$ 是未知输入,$wk \in \mathcal{E} \subset \mathbb{R}^{n_w}$ 是外界干扰矢量。$V_k = x_k^T P_{x_k}$ 描述了李亚普诺夫(Lyaponov)可选函数,即一个用于证明均衡稳定性的标量函数。对于非强制 $u_k = 0$ 和未知无输入 $d_k = 0$ 的式(4-1),随后的定义就是很自然的了。

对于所有允许的 $wk \in \mathcal{E}$,$k \geq 0$,式(4-1)严格地平方有界,如果

$$V_k > 1 \Rightarrow V_{k+1} - V_k < 0 \quad (4-2)$$

对于任意一个 $wk \in \mathcal{E}$。

对于所有允许的 $wk \in \mathcal{E}$,一个集合 $\mathcal{E}_x$ 是式(4-1)的鲁棒不变集合,

$$x_k \in \mathcal{E}_x \Rightarrow x_{k+1} \in \mathcal{E}_x \quad (4-3)$$

如果对于任何 $wk \in \mathcal{E}$ 都成立的话。

需要指出的是,严格的二阶有界性可以降低李亚普诺夫函数的 V_k 值,也就是说,当 $V_k > 1$ 时,对于任何 $wk \in \mathcal{E}$,$V_{k+1} < V_k$,如果式(4-1)是二阶有界的,并且至少存在一个向量 $W_{wk} \neq 0$,那么这种二阶有界总是严格的。另外,还可以使用不变集的理论来表达二阶有界性的概念。

对于任何 $wk \in \mathcal{E}$,在 $x_k \in \mathcal{E}_x$ 隐含表示 $x_{k+1} \in \mathcal{E}_x$ 的情况下,集合 $\mathcal{E}_x = \{x : x^T P_x \leq 1\}$ 是一个不变集合。因此,如果 $V_k > 1$,则 x_k 不在不变集合之内,因此 $V_{k+1} < V_k$。这意味着 V_k 会变大,直到 x_k 超出 $\mathcal{E}_x$ 范围之外。

该描述可以应用于实现自动引导车辆的虚拟传感器。

4.4 自动引导车的设计与实现

这里所介绍的自动引导车是在德国拉芬斯堡-魏恩加滕应用技术大学开发和设计的,主要的设计目标是其机动可能性,它的机构设计简单,具有较高的容错性能(图4-1)。早期,该大学就已开展了这项设计工作,并实现了一个生产平台,发布了一个有关转向原理的专利。当时,该生产平台虽具有良好的机动性,但是需要八个相互独立的驱动电动机,并且只能在平坦的地板上行走。

而本章所介绍的创新型设计方案中,自动引导车可以在不平坦的地面上行驶,

只需要四个驱动电动机即可。自动引导车的主体框架由四个悬臂组成,每个悬臂都配有一套驱动电动机、弹簧和减振器系统。通常,每个悬臂都可以绕其相应车轮中心外部一个已定义的垂直轴自由旋转(图4-2)。但是,前后悬臂通过传动带连接,从而降低了其自由度,可获得更好的动态可控性和更强的加速度特性。每个驱动电动机单元还配备了一个角度编码器。这就能够确定每个车轮的转角、角速度和角加速度。另外两个角度编码器可以测量前轮和后轮的转向角。

该自动引导车还使用了四个单独的电动机控制器,即所谓的电子位置控制(EPOS),可通过控制器局域网络CANopen协议进行通信,因此四个驱动电动机可以各自单独地控制转速和转矩。这种独特的几何布局方式就形成一个独具特色的转向系统,它可利用车轮之间的转矩差来操纵各个车轴。作为结果,就是因为采用了这一转向系统,自动引导车能够直接地向所需的方向行驶,而无需花费时间和空间进行大幅度的转弯操作,并可以围绕自己的转动中心进行转弯。特别是在当今生产环境中常见的狭窄空间范围内,这种动态特性非常有益。机械设计相对简单是它的另一个优点,这是因为,不需要专用的转向电动机。这导致车身结构有很高的鲁棒性。除了车轮和转向轴上的六个角度传感器外,还配备了测量整车加速度、速度和偏航率的传感器。最终,传感器数据可以通过蓝牙技术进行输送。图4-3是自动引导车转向系统的重要参数,以及所考虑的作用力和动力学参数。这些也都列在表4-1中。

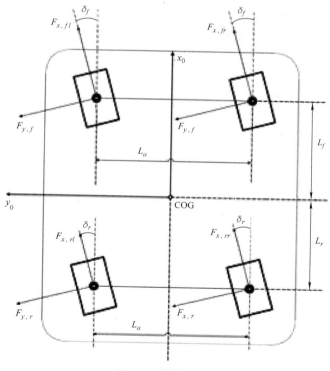

图4-3 转向系统

表 4-1 自动引导车的主要参数

变量	单位	值
m	kg	50
L_f	m	0.25
L_r	m	0.25
I_z	kg/m^2	89.18
C_r	$kg/(°)$	1.86
C_f	$kg/(°)$	1.86
L_a	m	0.16
R_e	m	0.09
I_{xw}	kg/m^3	0.00209089

另外，每个车轮的悬臂都配置了一套具有减振功能的弹簧悬架，旨在吸收不平坦地形的冲击效应（图 4-4）。

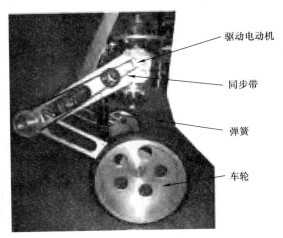

图 4-4 悬架系统

要控制自动引导车的运动状态，可以选择两种不同的模式："手动驾驶模式"和"自动驾驶模式"。由一个中央控制单元计算前轮和后轮的必要转向角，并将适当的角速度作为命令，发送给四个驱动电动机。这些命令可实现所需的转向角、行驶方向、瞬时旋转中心（ICR），以及所需的车速。这些通常是远距离遥控。

4.5 自动引导车的数学模型

从图 4-3 可以得出结论，就自动引导车的纵向运动而言，其纵向力可由以下公式给出：

$$F_x = \cos(\delta_f)(F_{x,fl} + F_{x,fr}) + \cos(\delta_r)(F_{x,rl} + F_{x,rr}) - \sin(\delta_f)F_{y,f} - \sin(\delta_r)F_{y,r} \tag{4-4}$$

同样,可以用以下公式计算横向力:

$$F_y = \sin(\delta_f)(F_{x,fl} + F_{x,fr}) + \sin(\delta_r)(F_{x,rl} + F_{x,rr}) + \cos(\delta_f)F_{y,f} + \cos(\delta_r)F_{y,r} \tag{4-5}$$

式中,车轮纵向力还要满足以下四个条件:

$$I_{xw}\dot{\omega}_{fl} = p_{f,l}T - F_{x,fl}R_e \tag{4-6}$$

$$I_{xw}\dot{\omega}_{fr} = p_{f,r}T - F_{x,fr}R_e \tag{4-7}$$

$$I_{xw}\dot{\omega}_{rl} = p_{r,l}T - F_{x,rl}R_e \tag{4-8}$$

$$I_{xw}\dot{\omega}_{rr} = p_{r,r}T - F_{x,rr}R_e \tag{4-9}$$

式中,转矩分配系数 $p_{i,j} \geq 0$ 满足:

$$p_{f,l} + p_{f,r} + p_{r,l} + p_{r,r} = 1 \tag{4-10}$$

式中,参数 $p_{i,j}$ 被假定为是已知参数。在此基础上,偏航角速度在动力学中可由以下公式给出:

$$I_z\dot{r} = L_f(\sin(\delta_f)(F_{x,fl} + F_{x,fr}) + \cos(\delta_f)F_{y,f}) + L_a\cos(\delta_f)(F_{x,fr} - F_{x,fl}) + L_r(\sin(\delta_r)(F_{x,rl} + F_{x,rr}) - \cos(\delta_r)F_{y,r}) + L_a\cos(\delta_r)(F_{x,rr} - F_{x,rl}) \tag{4-11}$$

这些细节都可作为自动引导车的数学描述。

本章下一部分就是要创建一组虚拟传感器,用它们来估计纵向力 $F_{x,fr}$、$F_{x,fl}$、$F_{x,rr}$、$F_{x,rl}$ 和转矩 T 的值:

$$y = [r, \omega_{fl}, \omega_{fr}, \omega_{rl}, \omega_{rr}]^T \tag{4-12}$$

并且还应用了横向和纵向加速度 a_x 和 a_y。

4.6 虚拟传感器设计

对于虚拟传感器设计,我们所开发的策略以从式(4-5)和式(4-11)提取横向力 $F_{y,f}$ 和 $F_{y,r}$ 开始,可得出以下公式:

$$F_{y,f} = \frac{1}{\cos(\delta_f)(L_f + L_r)}(I_z\dot{r} + p_{f,fl}F_{x,fl} + p_{f,fr}F_{x,fr} + p_{f,rl}F_{x,rl} + p_{f,rr}F_{x,rr} + mL_r a_y) \tag{4-13}$$

$$F_{y,r} = \frac{1}{\cos(\delta_f)(L_f + L_r)}(-I_z\dot{r} + p_{r,fl}F_{x,fl} + p_{r,fr}F_{x,fr} + p_{r,rl}F_{x,rl} + p_{r,rr}F_{x,rr} + mL_r a_y) \tag{4-14}$$

式中,

$$p_{f,fl} = -\sin(\delta_f)L_f - \sin(\delta_f)L_r + L_a\cos(\delta_f) \tag{4-15}$$

$$p_{f,fr} = -\sin(\delta_f)L_f - \sin(\delta_f)L_r - L_a\cos(\delta_f) \tag{4-16}$$

$$p_{f,rl} = -2\sin(\delta_r)L_r + L_a\cos(\delta_r) \tag{4-17}$$

$$p_{f,rr} = -2\sin(\delta_r)L_r - L_a\cos(\delta_r) \tag{4-18}$$

$$p_{r,fl} = L_a\cos(\delta_f) \tag{4-19}$$

$$p_{r,fr} = L_a\cos(\delta_f) \tag{4-20}$$

$$p_{r,rl} = \sin(\delta_r)L_f - \sin(\delta_r)L_r + L_a\cos(\delta_r) \tag{4-21}$$

$$p_{r,rr} = \sin(\delta_r)L_f - \sin(\delta_r)L_r - L_a\cos(\delta_r) \tag{4-22}$$

考虑 $F_x = m a_x$,然后将式(4-13)和式(4-14)代入式(4-4),可得

$$p_r \dot{r} = F_{x,fl}p_{x,fl} + F_{x,fr}p_{x,fr} + F_{x,rl}p_{x,rl} + F_{x,rr}p_{x,rr} + a_x p_x + a_y p_y \tag{4-23}$$

这里

$$p_r = I_z \sin(\delta_f - \delta_r) \tag{4-24}$$

$$p_{x,fl} = -\frac{1}{2}L_a\sin(-\delta_r + 2\delta_f) + \frac{1}{2}\sin(\delta_r)L_a + \cos(\delta_r)(L_f + L_r) \tag{4-25}$$

$$p_{x,fr} = \frac{1}{2}L_a\sin(-\delta_r + 2\delta_f) - \frac{1}{2}\sin(\delta_r)L_a + \cos(\delta_r)(L_f + L_r) \tag{4-26}$$

$$p_{x,rl} = -\frac{1}{2}L_a\sin(\delta_f - 2\delta_r) - \frac{1}{2}\sin(\delta_f)L_a + L_r\cos(\delta_f - 2\delta_r) + \cos(\delta_f)L_f \tag{4-27}$$

$$p_{x,rr} = \frac{1}{2}L_a\sin(\delta_f - 2\delta_r) + \frac{1}{2}\sin(\delta_f)L_a + L_r\cos(\delta_f - 2\delta_r) + \cos(\delta_f)L_f \tag{4-28}$$

$$p_x = -(L_f + L_r)\cos(\delta_f)\cos(\delta_r)m \tag{4-29}$$

$$p_y = -m(\sin(\delta_f)\cos(\delta_r)L_r + \cos(\delta_f)\sin(\delta_r)L_f) \tag{4-30}$$

自动引导车的状态空间模型可以用式(4-6)~式(4-9)和式(4-13)、式(4-14)描述:

$$\boldsymbol{G}(\delta_f,\delta_r)\dot{\boldsymbol{x}} = \boldsymbol{B}(\delta_f,\delta_r)\boldsymbol{u} + \boldsymbol{E}(\delta_f,\delta_r)\boldsymbol{d} \tag{4-31}$$

式中,

$$\boldsymbol{x} = [r,\omega_{fl},\omega_{fr},\omega_{rl},\omega_{rr}]^T \tag{4-32}$$

$$\boldsymbol{u} = [a_x,a_y]^T \tag{4-33}$$

虚拟传感器估算的未知输入,可由以下公式给出:

$$\boldsymbol{d} = [F_{x,fl},F_{x,fr},F_{x,rl},F_{x,rr},T]^T \tag{4-34}$$

系统矩阵为

$$B(\delta_f,\delta_r) = \begin{bmatrix} p_x & p_y \\ 0 & 0 \\ 0 & 0 \\ 0 & 0 \\ 0 & 0 \end{bmatrix} \quad (4\text{-}35)$$

$$E(\delta_f,\delta_r) = \begin{bmatrix} 0 & -p_{x,fl} & -p_{x,fr} & -p_{x,rl} & -p_{x,rr} \\ -p_{f,l} & R_e & 0 & 0 & 0 \\ -p_{f,r} & 0 & R_e & 0 & 0 \\ -p_{r,l} & 0 & 0 & R_e & 0 \\ -p_{r,r} & 0 & 0 & 0 & R_e \end{bmatrix} \quad (4\text{-}36)$$

$$G(\delta_f,\delta_r) = \mathrm{diag}(p_r,1,1,1,1) \quad (4\text{-}37)$$

因为，对所有的状态变量$[r, \omega_{fl}, \omega_{fr}, \omega_{rl}, \omega_{rr}]^T$进行了测量，所以输出方程式为

$$y = Cx \quad (4\text{-}38)$$

式中，$C = I$。

为了能在车载设备上实施，可使用欧拉算法将式（4-31）离散化，取采样时间$T_s = 0.01s$，得出以下公式：

$$G_k x_{k+1} = G_k x_k + B_k u_k + E_k d_k + W w_k \quad (4\text{-}39)$$

式中，

$$G_k = G(\delta_{f,k}, \delta_{r,k}), B_k = T_s B(\delta_{f,k}, \delta_{r,k}) \quad (4\text{-}40)$$

$$E_k = T_s E(\delta_{f,k}, \delta_{r,k}) \quad (4\text{-}41)$$

在该方程式中，w_k是一个外源干扰矢量（包括离散化误差），具有已知的分布矩阵W，而$G(\delta_{f,k}, \delta_{r,k})$，$B(\delta_{f,k}, \delta_{r,k})$和$E(\delta_{f,k}, \delta_{r,k})$是通过分别将$\delta_{f,k}$和$\delta_{r,k}$带入式（4-35）～式（4-37）得到的。为了进行更深入的考虑，有必要强调以下的事实：式（4-39）中的所有状态变量都是测量值。因此，与目前文献中的方法相反，这里将注意力集中在专门估计d_k上。实际上，由于不需要状态向量的估计，因此所提出的设计过程可以不很复杂。最后，为了解决虚拟传感器设计问题，引入了以下创新的自适应估计器：

$$\hat{d}_{k+1} = \hat{d}_k + L(G_k x_{k+1} - G_k x_k - B_k u_k - E_k \hat{d}_k) \quad (4\text{-}42)$$

式中，$\hat{d}_k$表示对d_k的估计，并且L是估计器的增益矩阵。将式（4-39）代入式（4-42）可得出以下方程式：

$$\hat{d}_{k+1} = \hat{d}_k + L(E_k e_{d,k} - W w_k) \quad (4\text{-}43)$$

式中，$e_{d,k} = d_k - \hat{d}_k$是未知的输入估计误差。各个动力学特征受以下方程式限制：

$$\begin{aligned} e_{d,k+1} &= d_{k+1} - d_k + \hat{d}_k - \hat{d}_k - LE_k e_{d,k} - LW w_k \\ &= (I - LE_k) e_{d,k} + [I - LW] \overline{w}_k \end{aligned} \quad (4\text{-}44)$$

在该方程式中，$\varepsilon_k = d_{k+1} - d_k$，$\overline{w}_k = \begin{bmatrix} \varepsilon_k \\ w_k \end{bmatrix}$。最后，式（4-44）转换为更紧凑形式：

$$e_{d,k+1} = X_k e_{d,k} + Z \overline{w}_k \tag{4-45}$$

式中，$X_k = I - LE_k$，$Z = [I - LK]$。

为了使进一步的讨论简单化，假设 $\overline{w}_k$ 局限在一个椭圆体内：

$$\overline{w}_k \in \mathcal{E}_w, \mathcal{E}_w = \{\overline{w} : \overline{w}^T Q_w \overline{w} \leq 1\} \tag{4-46}$$

这样就可以推出以下定理，这也是本节的主要结果。

定理 4.1 如果存在 N，$P > 0$ 和 $0 < \alpha < 1$，则式（4-45）对于所有 E_k 和所有允许的 $\overline{w}_k \in \mathcal{E}_k$ 严格地平方有界，因此满足以下条件：

$$\begin{bmatrix} -P + \alpha P & 0 & P - E_k^T N^T \\ 0 & -\alpha Q_w & R^T \\ P - NE_k & R & -P \end{bmatrix} < 0, k = 0, 1, \cdots \tag{4-47}$$

式中，$R = [P - NW]$。

证明：使用上述定义和 $\overline{w}_k^T Q \overline{w}_k \leq 1$ ［见式（4-46）］，可以得出以下结论：

$$\overline{w}_k^T Q \overline{w}_k < e_{d,k}^T P e_{d,k} \Rightarrow e_{d,k+1}^T P e_{d,k+1} - e_{d,k}^T P e_{d,k} < 0 \tag{4-48}$$

式中，$V_k = e_{d,k}^T P e_{d,k}$，是李雅普诺夫候选函数。

因此，使用式（4-45），并定义 $v_k = \begin{bmatrix} e_{d,k} \\ \overline{w}_k \end{bmatrix}$，可以证明

$$v_k^T \begin{bmatrix} X^T P X & X^T P X \\ Z^T P X & Z^T P X \end{bmatrix} v_k < 0 \tag{4-49}$$

从式（4-48）可知，对于任何 $\alpha > 0$：

$$\alpha v_k^T \begin{bmatrix} -P & 0 \\ 0 & Q_w \end{bmatrix} v_k < 0 \tag{4-50}$$

因此，对式（4-49）和式（4-50）采用 S 过程，将得出以下公式：

$$v_k^T \begin{bmatrix} X_k^T P X_k - P + \alpha P & X_k^T P Z \\ Z^T P X_k & Z^T P Z - \alpha Q_w \end{bmatrix} v_k < 0 \tag{4-51}$$

通过代入舒尔补矩阵（Schur Complement），该式可为

$$\begin{bmatrix} -P + \alpha P & 0 & X_k^T P \\ 0 & -\alpha Q_w & Z^T P \\ P X_k & P Z & -P \end{bmatrix} < 0 \tag{4-52}$$

最后，将

$$PX_k = P(I - LE_k) = P - PLE_k = P - NE_k \tag{4-53}$$

$$PZ = P[I - LW] = [P - PLB] = [P - NW] \tag{4-54}$$

代入式（4-52），将得到式（4-47），从而完成了证明。

尽管所开发的方法具有无可争议的吸引力，这可以由定理 4.1 总结出，但不可能将其用于求得式（4-47）的解，这必须对于所有 $k = 0, 1\cdots$ 都是可行的。为了解决这一设计问题，可以将式（4-45）转换为"线性参数变化"的形式：

$$e_{d,k+1} = \sum_{i=\{f,r\}, j=\{l,r\}} p_{x,i,j} X^{i,j} e_{d,k} + Z \overline{w}_k \tag{4-55}$$

这里

$$X^{i,j} = I - LE^{i,j} \tag{4-56}$$

式中，

$$E^{f,l} = T_s \begin{bmatrix} 0 & -1 & 0 & 0 & 0 \\ -p_{f,l} & R_e & 0 & 0 & 0 \\ -p_{f,r} & 0 & R_e & 0 & 0 \\ -p_{r,l} & 0 & 0 & R_e & 0 \\ -p_{r,r} & 0 & 0 & 0 & R_e \end{bmatrix}, \quad E^{f,r} = T_s \begin{bmatrix} 0 & 0 & -1 & 0 & 0 \\ -p_{f,l} & R_e & 0 & 0 & 0 \\ -p_{f,r} & 0 & R_e & 0 & 0 \\ -p_{r,l} & 0 & 0 & R_e & 0 \\ -p_{r,r} & 0 & 0 & 0 & R_e \end{bmatrix}$$

$$E^{r,l} = T_s \begin{bmatrix} 0 & 0 & 0 & -1 & 0 \\ -p_{f,l} & R_e & 0 & 0 & 0 \\ -p_{f,r} & 0 & R_e & 0 & 0 \\ -p_{r,l} & 0 & 0 & R_e & 0 \\ -p_{r,r} & 0 & 0 & 0 & R_e \end{bmatrix}, \quad E^{r,r} = T_s \begin{bmatrix} 0 & 0 & 0 & 0 & -1 \\ -p_{f,l} & R_e & 0 & 0 & 0 \\ -p_{f,r} & 0 & R_e & 0 & 0 \\ -p_{r,l} & 0 & 0 & R_e & 0 \\ -p_{r,r} & 0 & 0 & 0 & R_e \end{bmatrix}$$

因此，定理 4.1 可以重新改写如下。

定理 4.2 如果存在 N，$P \not\succ 0$，并且如果 $0 < \alpha < 1$，则对于所有 E_k 和所有允许的 $\overline{w}_k = \in \varepsilon_k$，式（4-55）严格地二阶有界，从而可以满足以下条件：

$$\begin{bmatrix} -P + \alpha P & 0 & P - E_k^T N^T \\ 0 & -\alpha Q_w & R^T \\ P - NE_k & R & -P \end{bmatrix} < 0, \ k = 0, 1, \cdots \tag{4-57}$$

式中，$R = [P - NW]$。

最后一步，虚拟传感器的设计过程可以归纳如下：

离线（Off-line）：

1）选择式（4-46）中的 Q_w。

2）选择 $0 < \alpha < 1$，通过求解式（4-57）来获得式（4-52）的增益矩阵 L，然后代入 $L = P^{-1} N$。

在线（On-line）：

1）设置 $\hat{d}_0$ 且 $k = 0$。
2）从式（4-42）可求得 $\hat{d}_{k+1}$。
3）设置 $k = k + 1$ 并转回到步骤1）。

4.6.1 不确定区间

本小节的主要目标是关于扩展虚拟传感器的算法，正如在上一节中提出的，存在一个不确定的部分，带有一个量化了已估计量值的区间。因此，所获得的不确定区间，以下形式确定了有关 d_k 的范围：

$$\underline{d}_k \leq d_k \leq \overline{d}_k \tag{4-58}$$

因此，本小节后续部分的目的，就是要提出一种能够计算 $\overline{d}_k$ 和 $\underline{d}_k$ 的框架。为了解决这个问题，可以考虑以下的引理：

引理 4.1 如果式（4-44）严格地对所有 $\overline{w}_k = \in_{\varepsilon k}$ 二阶有界，则存在 $\alpha \in (0,1)$ 使得：

$$V_k \leq \zeta_k(\alpha), \quad k = 0, 1, \cdots, \tag{4-59}$$

这里，序列 $\zeta_k(\alpha)$ 被定义为

$$\zeta_k(\alpha) = (1 - \alpha)^k V_0 + 1 - (1 - \alpha)^k, \quad k = 0, 1, \cdots \tag{4-60}$$

最后，考虑到估计误差 $e_{d,k}$ 应位于椭圆体式（4-59）内的事实，该边界的形状为

$$-(\zeta_k(\alpha) c_i^T P^{-1} c_i)^{\frac{1}{2}} \leq e_{d,i,k} \leq (\zeta_k(\alpha) c_i^T P^{-1} c_i)^{\frac{1}{2}}, \quad i = 1, \cdots, n_d \tag{4-61}$$

因此，推导出不确定区间的最终形式：

$$\underline{d}_{i,k} = \hat{d}_{i,k} - (\zeta_k(\alpha) c_i^T P^{-1} c_i)^{\frac{1}{2}} \tag{4-62}$$

$$\overline{d}_{i,k} = \hat{d}_{i,k} + (\zeta_k(\alpha) c_i^T P^{-1} c_i)^{\frac{1}{2}}, \quad i = 1, \cdots, n_d \tag{4-63}$$

从式（4-60）可以看出，$\zeta_k(\alpha)$ 收敛于1，而其收敛速度完全取决于 α，即 $\zeta_k(\alpha)$ 越接近1时，其收敛速度就越好。从式（4-62）和式（4-63）可以得出，不确定区间的稳态长度取决于 P，即取其对角线元素。因此，一个需要优化的自然性度量应该是 trace(P)。这就可以推导出以下优化策略：

$$(\alpha, P, L) = \arg \max_{\alpha \in (0,1), P > 0, L} \text{trace}(P) \tag{4-64}$$

同时考虑了约束条件式（4-57）。

为了能获取尽可能小的不确定区间的 $\hat{d}_k$，在上一节中，建议在离线方式算法的第2步，加入优化处理，这也在上一部分中进行了描述。这可以使用广泛使用的计算工具包来实现。

4.6.2 诊断原理

如本章第1部分所述，本章的主要目标是开发虚拟传感器，该传感器可提供：

$$\hat{d}_k = [\hat{F}_{x,fl,k}, \hat{F}_{x,fr}, \hat{F}_{x,rl}, \hat{F}_{x,rr}, \hat{T}]^T \tag{4-65}$$

根据这些估计值，就可以形成初始残留信号：

$$z_{T,k} = T_k - \hat{T}_k \tag{4-66}$$

这可以用作各个自动引导车所需转矩分布的数据来源。剩余的一组与纵向力有关。这一总体思路还涉及纵向滑移率的定义。对于所有车轮来说，可由以下公式确定：

$$\sigma_{i,j} = \frac{\omega_{i,j} R_e}{v_x} - 1 \tag{4-67}$$

从图 4-1 可以看出，所有四个轮子都是相同的，并且它们由金属轮毂组成，每个轮毂上都粘贴了一层较薄的橡胶条。通常，假定自动引导车在水平且坚硬的表面上行驶。因此，在不失去普遍性的情况下，可以假定 $\alpha_{i,j,k}=0$。在这种假设下，可推导出以下关系：

$$\omega_{i,j} = \frac{v_x}{R_e} \tag{4-68}$$

因为，用到自动引导车的实际速度 v_x，就可用式（4-68）计算车轮所需的角速度 $\omega_{i,j}$。在下一步中，将所期望的角速度 $\omega_{i,j}$ 与转矩 T 结合在一起，就可使用式（4-6）~式（4-9），计算出参考纵向力 $F_{x,i,j,k}$。$\omega_{i,j}$ 和 $F_{x,i,j,k}$ 均被视为是在无故障情况下的，因为它们是使用模型生成的，而实际情况中，自动引导车可能会出现各种机械性错误，还会处于意想不到的工作环境中，比如光滑的地表面，这些都可被视为故障。出于这些考虑，可构成所谓的后续的残差集。

$$z_{F,x,i,j,k} = F_{x,i,j,k} - \hat{F}_{x,i,j,k} \tag{4-69}$$

4.7 测试验证

为了能够验证虚拟传感器的设计，对此开发了一个行驶测试场合。该测试场合包括了生产物流中的许多典型性操作。对上述的自动引导车，以下描述了该测试方案中的主要参数及其取值范围：

纵向行驶速度 v_x：0.556 ~ 1.39m/s。

纵向加速度 a_x：常数，0.0083m/s²。

前轮转向角 δ_f：$-7/36\pi$ ~ $+7/36\pi$ rad。

后轮转向角 δ_r：恒定且等于 0。

在这种情况下，车辆在加速时，其速度加大。同时，转向角改变导致进入弯曲的行驶路线。在整个运行过程中，各个传感器测量车辆整体的加速度、速度和偏航率。实验的验证结果在本章的下一部分中显示。

4.8 实验结果与讨论

最初,仅考虑开发用于离线(Off-line)阶段的算法,这将涉及式(4-64)、约束条件式(4-57)。这样的结果就是虚拟传感器的最佳增益矩阵式(4-42)为

$$L = \begin{bmatrix} -2.9501 & -27.9812 & -28.3581 & -28.3751 & -28.4762 \\ -16.3261 & 940.2042 & -311.4692 & -311.2939 & -311.1626 \\ -16.3437 & -311.0201 & 939.9038 & -311.4558 & -311.1203 \\ -16.3236 & -311.0833 & -311.4491 & 939.9822 & -311.1366 \\ -16.3238 & -310.8944 & -311.2802 & -311.2160 & 939.6778 \end{bmatrix}$$

(4-70)

式(4-64)中,$\alpha = 0.9$。

本节的下一部分描述了在实际使用场合采用虚拟传感器所获得的实验结果,对此在上一节已进行了解释,正是根据这些原理,将这些虚拟传感器应用于故障诊断,这些原理也已在第4.6.2节中给予了说明。图4-5~图4-8比较了验证模型(名义情况)和实际组件上的纵向力,而实际组件上的纵向力来自通过传感器获得的测量值。同样,图4-9比较了验证模型(名义情况)和实际组件上的转矩,如同纵向力,这也来自传感器提供的一组测量值。此外,这些图中都包含不确定区间,其计算可参照式(4-62)和式(4-63)。

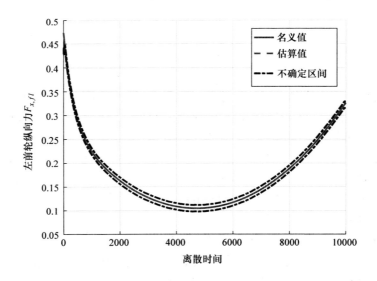

图4-5 左前轮纵向力的名义和估算值

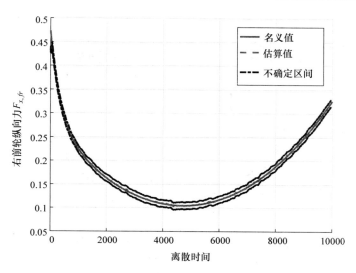

图 4-6　右前轮纵向力的名义和估算值

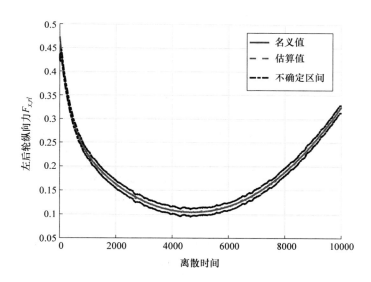

图 4-7　左后轮纵向力的名义和估算值

首先可以观察到的，可能是这样的一个事实，即所得的估算值与采用经过验证模型所获得的纵向力基本一致，而另一个事实就是纵向力几乎均匀地分布在各个车轮上。图 4-10 是左前轮上的残留力 $z_{x,fl}$。可以清楚地看到，在无故障情况下，该残留力接近于零。这清楚地表明了无故障时的正常工作情况。对于其余的三个车轮以及转矩，也存在相同的条件，但是为了简便，在此将其描述省略。

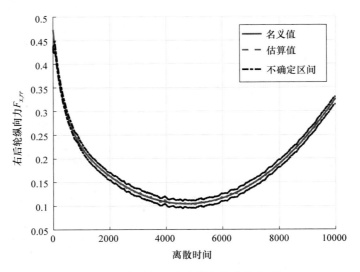

图 4-8　右后轮纵向力的名义和估算值

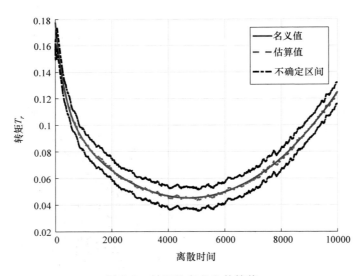

图 4-9　转矩的名义和估算值

可以证明，虚拟传感器在无故障的情况下可以正常运行。在下一步中，就应在存在故障的情况下，对虚拟传感器的性能进行评估。为此，可将自动引导车推向两个重叠的表面，以导致其中一个车轮和地表面没有接触。特别是当右前轮悬吊在空中时，就无法产生正确的纵向力。这种不引人注意的现象立即可由残留力 $z_{x,fr}$ 描述出来，如图 4-11 所示。

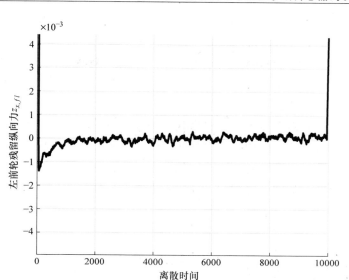

图 4-10 故障情况下左前轮的残留力 $z_{x,fl}$

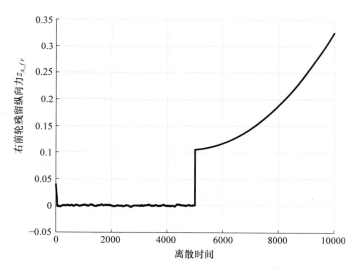

图 4-11 故障情况下右前轮的残留力 $z_{x,fr}$

4.9 结论

这一章的核心研究问题就是：如何设计基于二阶边界法，用以测量自动引导车纵向力和转矩，并具有可靠性能的虚拟传感器。为此，提出了一种使用二阶有界性的新颖设计方法，并可接受和允许有限度的干扰。在德国拉芬斯堡－魏恩加滕应用技术大学开发的自动引导车原型基础上，对该方法进行了具体的整车实现和技术验证。该自动引导车采用了独特的设计，可实现无限的机动性，并能够在不平坦的表面上行驶。其中，独特的转向机制实现了这些特定的性能，但仍需要有可靠的传感器数据信息。所开发的虚拟传感器方法并不依赖于复杂且有些不可靠的轮胎模型。与有关文献提及的几种方法相比，这是一个很大的优势。通常，引用轮胎模型会降低估算性能，并且可能导致整个估算问题非线性化。无论是在无故障，还是有故障的工作场合，该方法都已成功地以验证。验证表明，所得的纵向力估计值接近于使用可靠的参考模型计算出的数值，并且在出现故障的情况下该估计值会立即产生残差。所产生的残差可以有效地用来进行故障检测，并且进行容错控制。

参 考 文 献

1. Alessandri, A., Baglietto, M., Battistelli, G.: Design of state estimators for uncertain linear systems using quadratic boundedness. Automatica **42**(3), 497–502 (2006)
2. Aouaouda, M., Chadli, S., Shi, P., Karimi, H.: Discrete-time H_ / H-inf sensor fault detection observer design for nonlinear systems with parameter uncertainty. Int. J. Robust Nonlin. Control. **25**(3), 339–361 (2015)
3. Cai, J., Ferdowsi, H., Sarangapani, J.: Model-based fault detection, estimation, and prediction for a class of linear distributed parameter systems. Automatica **66**, 122–131 (2016)
4. Ding, S.X.: Model-based Fault Diagnosis Techniques: Design Schemes. Algorithms and Tools. Springer, Berlin (2008)
5. Foo, G., Zhang, X., Vilathgamuwa, M.: A sensor fault detection and isolation method in interior permanent-magnet synchronous motor drives based on an extended Kalman filter. IEEE Trans. Ind. Electron. **60**(8), 3485–3495 (2013)
6. Kiencke, U., Nielsen, L.: Automotive Control Systems. Springer, Berlin (2000)
7. López-Estrada, F., Ponsart, J., Astorga-Zaragoza, C., Camas-Anzueto, J., Theilliol, D.: Robust sensor fault estimation for descriptor-lpv systems with unmeasurable gain scheduling functions: Application to an anaerobic bioreactor. Int. J. Appl. Math. Comput. Sci. **25**(2), 233–244 (2015)
8. Ponsart, J.-C., Theilliol, D., Aubrun, C.: Virtual sensors design for active fault tolerant control system applied to a winding machine. Control. Eng. Pract. **18**, 1037–1044 (2010)
9. Pourbabaee, B., Meskin, N., Khorasani, K.: Sensor fault detection, isolation, and identification using multiple-model-based hybrid Kalman filter for gas turbine engines. IEEE Trans. Control. Syst. Technol. **24**(4), 1184–1200 (2016)
10. Pratama, P.S., Jeong, J.H., Jeong, S.K., Kim, H.K., Kim, H.S., Yeu, T.K., Hong, S., Kim, S.B.: Adaptive backstepping control design for trajectory tracking of automatic guided vehicles. In: AETA: Recent Advances in Electrical Engineering and Related Sciences. Lecture Notes in Electrical Engineering, vol. 371, 2016 (2015)
11. Rajamani, R., Phanomchoeng, G., Piyabongkarn, D., Lew, J.Y.: Algorithms for real-time estimation of individual wheel tire-road friction coefficients. IEEE/ASME Trans. Mechatron. **17**(6), 1183–1195 (2012)
12. Schulze, L., Wullner, A.: The approach of automated guided vehicle systems. In: Proceedings of the IEEE International Conference on Service Operations and Logistics, and Informatics (SOLI '06)
13. Stetter, R., Paczynski, A.: Intelligent steering system for electrical power trains. In: Emobility Electrical Power Train. IEEEXplore, pp. 1–6. IEEE (2010)
14. Stetter, R., Witczak, M., Pazera, M.: Virtual diagnostic sensors design for an automated guided vehicle. Appl. Sci. **8**(5) (2018)
15. Wictzak, M., Stetter, R., Buciakwoski, M., Theilliol, D.: Virtual diagnostic sensors design for an automated guided vehicle. In: Proceedings of the 10th SAFEPROCESS 2018: IFAC International Symposium on Fault Detection, Supervision and Safety for Technical Processes (2018)

16. Witczak, M.: Fault Diagnosis and Fault-Tolerant Control Strategies for Non-Linear Systems. Springer, Analytical and Soft Computing Approaches (2014)
17. Witczak, M., Buciakowski, M., Puig, V., Rotondo, D., Nejjari, F.: An LMI approach to robust fault estimation for a class of nonlinear systems. Int. J. Robust Nonlin, Control (2015)
18. Wu, S., Wu, Y., Chi, C.: Development and application analysis of AGVS in modern logistics. Revista de la Facultad de Ingeniera U.C.V., **32**(5), 380–386 (2015)
19. Zhang, H.: Software Sensors and Their Applications in Bioprocess. Springer, Berlin/Heidelberg (2009)
20. Ziemniak, P., Stania, M., Stetter, R.: Mechatronics engineering on the example of an innovative production vehicle. In: Norell Bergendahl, Grimheden, M., Leifer, L., Skogstad, P., Lindemann, U. (Eds.) Proceedings of the 17th International Conference on Engineering Design (ICED'09), vol. 1, pp. 61–72 (2009)

第 3 部分 自动化过程的容错设计与控制

第 5 章 自动化过程的预测容错控制

本章将要描述如何在实际装配系统中，对复杂的自动化过程进行预测容错控制。这里，所要组装的对象是房屋建筑用电池。众所周知，电能是当前工业化国家生活水平的一个重要标志。在过去，电能一方面是由矿物能源载体（例如煤和石油）产生的，这有其有限的可用性和污染排放问题等缺点。另一方面，现在还使用了核电，但其特点是运行风险大，长期处置核废料的解决方案尚不明确。因此，为了使用可再生的自然资源（例如太阳、水力和风力）产生电能，人们已付出了巨大的努力。

但是，这三种能源中的两种（太阳和风力）仅在一天中的特定时间和特定情况下可用。因此有必要，在没有可用的太阳或风能的情况下，将之前所产生的电能进行存储。但是，存储大量电能的可能性是有限的。目前，主要可行的解决方案是抽水蓄能电站。为解决这一挑战，其中针对民宅的解决方案就是所谓分布式储能系统，即在房屋中由大量储能电池构成一个储能系统。这样，一个最主要的优点就是可以避免输电电网的无谓电能损耗，如果能将房屋顶上由太阳能产生的电能存储在这些电池中，则可在其他时间任意使用。

当前，这种电池系统的价格过高，这是妨碍大规模普及使用的关键因素。如果采用自动化组装系统，就可以帮助降低此类电池的生产成本，从而促进其广泛的应用。在电池组装中，一个重大的挑战就是高能量密度电池的安全性风险。就此，可靠的容错控制系统就可为此类装配系统的安全运行提供一个重要的前提。通常，将这样的组装系统描述为具有某些不可避免的不确定性，被作为所谓的"离散性事件系统"（DES）（参见第 1.2 节）。

本章介绍一个基于区间式分析方法的框架，连同最大加代数方法，就可以描述这种不确定的离散事件系统。基于此数学系统描述，来说明一个"基于模型预测控制"（MPC）的容错策略。该容错策略可以处理与加工和运输过程有关的各种故障，以及在组装系统中，使用自动引导车过程中所出现的故障。在一定程度上，该策略可以容忍这些错误和故障，即使它们对整个系统性能有一定的影响。本章中所给出的结果都基于作者本人的研究工作。

本章第 5.1 节描述了自动化电池装配系统的组装计划。第 5.2 节阐述了该系统的建模过程。第 5.3 节说明所开发的容错控制策略。该策略的实际应用将在第 5.4

节给予介绍。

5.1 规划自动化电池组装系统

　　就高能量密度的电池系统而言，其组装过程面临着多个挑战。在组装过程的某些阶段，比如，多个电池包虽然已连接在一起，但电池管理系统（BMS）尚未运行时，这就需要避免所有可能的风险。因此，这种阶段以及电池存储期间，都需要在一个复杂的空间中进行，这种车间由钢筋水泥墙构成，并配备了相应的安全保护设备，这种车间有某些通风孔，主要是针对电池单元或组件的爆炸故障，虽然这不太可能，但也可能会发生。当然，应该限制和避免在这个车间内操作人员的介入。因此，组装过程应尽可能高度自动化，从而减少人员操作，这是将潜在风险降至最低的关键。

　　从电池组装的可靠性开始，我们开始设计组装系统。在进行可靠性需求分类中，显而易见灵活性是这种装配系统的主要目标，因为高能电池技术仍在发展，尤其对组装车间的需求还取决于国家政策法规，例如，德国联邦补贴和能源价格。因此，可以将自动引导车用于这种车间内部的物流，而不是使用其他相对不太灵活的运输系统，这一解决方案是很值得考虑的。使用自动引导车进行物流操作，另一个积极的因素是其潜在的高容错能力。通常，即使一个执行器，比如一个自动引导车出现了故障，还可以继续进行组装生产。通过引入多功能的自动引导车，即使在故障情况下，它们也可接管许多不同的操作任务，这就可以实现高度的安全操作冗余。并且，这一解决方案在经济核算上也是有效益的，因为，多用途自动引导车运行频率高，降低了长期处于空转而出现损坏的风险。因此，这就减少了与冷冗余相关的常见风险（比较第 1.4 节）。

　　除了其他优点外，这些优势导致了在自动装配过程中，可做出一个初步决定，即采用自动引导车进行高能电池组装车间的内部物流。随后进行的深入分析，所得出的结论是，应使用四种不同类型的自动引导车来支持组装系统操作，并且要能适应两个几乎独立的组装循环。我们已经发现，使用两种不同类型的自动引导车，即第 1 种类型和第 2 种类型，针对第一个循环的操作。这一循环主要是组装电池框架。对于第二个组装循环，可使用另外两种类型的自动引导车，即第 3 种类型和第 4 种类型。这个循环完成电池系统的最后组装工作。这样的一个系统可以由图 5-1 给予概述性的描述。

　　就第一个装配循环的顺序而言，分别从一辆第 1 种类型和一辆第 2 种类型的各自起始（Start）位置开始。比如，这辆第 1 种类型的自动引导车从其初始位置移动到第一个组装步骤。它行驶到模块框架的存放处，提取其中的一个框架。然后，将多个关键性的电池模块控制器安装到该框架中。在下一步，该自动引导车将电池框架运输到电池包系统的安装位置。

第 5 章　自动化过程的预测容错控制

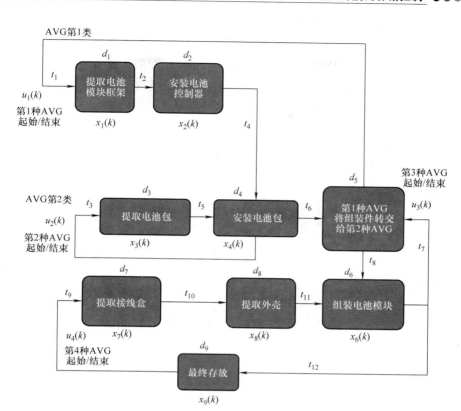

图 5-1　电池组装系统概述

第 2 种类型的自动引导车将锂离子电池包从其存放处运输到电池系统安装地点。通过适当的设计，可确保该自动引导车在所确定的一个组装循环内，输送一个电池系统所需的电池包数量。下一步，安装系统将适当数量的电池包组装到电池框架中，且要满足该电池系统所预定的电压要求。这一组装过程完成后，第 2 种类型的自动引导车返回其初始位置。第 1 种类型的自动引导车将目前为止的组装结果，即框架、电池包模块和模块控制器，输送到与第 3 种类型自动引导车的交接位置。

到此阶段为止，所有的操作都必须在得到特别安全保护的车间区域内进行。而最后的组装，就可以在这一车间的外部进行，因为，模块控制器作为电池保护系统不可或缺的一部分，现在已经可以启动使用了。下一步，要将已预组装的电池模块输送到车间外部。如果仍通过第 1 种类型的自动引导车来承担这一运输操作，这将是很有效益的。它可在车间内与第 2 种类型的自动引导车一起执行这一操作，这就可避免使用不具备防爆功能的第 3 种类型的自动引导车，而第 3 种类型的自动引导车通常是在车间外与第 4 种类型的自动引导车一起运行的。从第 1 种类型的自动引导车到第 3 种类型的切换，这是在一个专用的锁定位置进行的，在此处，两个自动引导车都处在纵向相互平行的位置。作为第一个装配周期的最后一步，第 3 种类型的自动引导车返回到其起始位置。

与第一个装配循环类似，第二个装配循环的顺序以第 3 种类型和第 4 种类型的自动引导车各自的起始位置启动。第一步，一辆第 3 种类型的自动引导车从第 1 种类型的自动引导车接收已预组装的电池模块。然后将此模块运送到最终装配系统。一辆第 4 种类型的自动引导车从其起始位置行驶到接线盒存放处，收集和提取相应的组件。下一步，第 4 种类型的自动引导车行驶到电池系统外壳的存放处，提取一个相应的外壳，并将其输送到最终组装站。接下来，进行最终的组装工作。在此步骤之后，第 3 种类型的自动引导车返回到所谓的集合点位置，与第 1 种类型的自动引导车汇合。最终，第 4 种类型的自动引导车将完全组装好的电池模块系统输送到最终的存储仓库，然后返回其初始位置。考虑到设计过程的经济化，这一运输和存储过程只能由一个自动引导车在相同的时间内进行。

5.2 装配系统建模

为了描述这类装配系统的运行操作，可使用传统代数方法，具体讲就是状态和输出方程式：

$$x_1(k+1) = max(x_1(k) + d_1, u_1(k) + t_1)$$
$$x_2(k+1) = max(x_1(k+1) + d_1 + t_2, S-2(k) + d_2)$$
$$x_3(k+1) = max(x_3(k) + d_3, u_2(k) + t_2)$$
$$x_4(k+1) = max(x_2(k+1) + d_2 + t_4, x_3(k+1) + d_3 + t_5, x_4(k) + d_4)$$
$$x_5(k+1) = max(x_4(k+1) + d_4 + t_6, x_5(k) + d_5, u_3(k) + t_2)$$
$$x_6(k+1) = max(x_5(k+1) + d_5 + t_8, x_6(k) + d_6, x_8(k+1) + d_8 + t_{11})$$
$$x_7(k+1) = max(x_7(k) + d_7, U_4(k) + t_9)$$
$$x_8(k+1) = max(x_7(k+1) + d_7 + t_{10}, x_8(k) + d_8)$$
$$x_9(k+1) = max(x_6(k+1) + d_6 + t_{12}, x_9(k) + d_9)$$
$$y(k) = x_5(k) + d_5$$

但是，很难将这种状态模型用于容错控制目的。另外，还有一个问题，就是具体的运输时间和生产时间不清楚。如果对装配系统进行更深入的分析，我们可得出这样的见解，即可以使用所谓置信区间（Confidence Interval）描述这种系统的行为（表 5-1）。

表 5-1 名义和区间、装配和运输时间

	名义时间/min	时间区间/min
d_1	6	[5, 7]
d_2	3	[2, 4]
d_3	5	[4, 6]

(续)

	名义时间/min	时间区间/min
d_4	8	[7, 9]
d_5	3	[2, 4]
d_6	5	[4, 6]
d_7	2	[1, 3]
d_8	4	[3, 5]
d_9	3	[2, 4]
t_1	4	[3, 5]
t_2	4	[3, 5]
t_3	2	[1, 3]
t_4	4	[3, 5]
t_5	4	[3, 5]
t_6	4	[3, 5]
t_7	4	[3, 5]
t_8	2	[1, 3]
t_9	3	[2, 4]
t_{10}	4	[3, 5]
t_{11}	3	[2, 4]
t_{12}	4	[3, 5]

因此，对该系统，我们给予了更简洁的描述，这就能够应对和解决状态和输出方程中存在的某些不确定性问题。首先，应用了最大加代数，因为很多用于描述控制理论、机器调度等领域中应用程序的方程式，大多在常规代数中是非线性的，但在在最大加代数中变为线性。

5.2.1 最大加代数

最大加代数（max, +）的结构（$\Re_{max}, \oplus, \otimes$），可用以下方程式定义：
$$\Re_{max} \triangleq \Re \cup \{-\infty\}$$
$$\forall a, b \in \Re_{max}, a \oplus b = \max(a, b)$$
$$\forall a, b \in \Re_{max}, a \otimes b = a + b \tag{5-1}$$

在这些方程中 $\Re_{max}$，是实数域。运算符 $\oplus$ 代表（max, +）代数加法，运算符 $\otimes$ 代表（max, +）代数乘法。代数算子（max, +）的核心性质，可用以下方程式描述：
$$\forall a \in \Re_{max} : a \oplus \varepsilon = a \text{ and } a \otimes \varepsilon = \varepsilon$$
$$\forall a \in \Re_{max} : a \otimes e = a \tag{5-2}$$

式中，$\varepsilon = -\infty$ 和 $e = 0$ 是（max, +）代数加法算子和（max, ×）代数乘法算子的中性元素。

对于矩阵 $\boldsymbol{X}, \boldsymbol{Y} \in \Re_{max}^{m \times n}$ 和 $\boldsymbol{Z} \in \Re_{max}^{n \times p}$，可有方程式：

$$(X \oplus Y)_{ij} = x_{ij} \oplus y_{ij} = \max(x_{ij}, y_{ij}) \quad (5\text{-}3)$$

$$(X \otimes Z)_{ij} = \bigoplus_{k=1}^{n} x_{ik} \otimes z_{kj} = \max_{k=1,\cdots,n}(x_{ik} + z_{kj}) \quad (5\text{-}4)$$

有关（max，+）的更多定义和详细信息都可在有关出版物中找到。对于不确定的系统，最大加代数可以扩展为区间性最大加代数。

5.2.2 区间性最大加代数

Cechlarova 曾首先提出了一种方法，可以处理状态方程和输出方程中存在的不确定性。但是，该方法仅适用于不确定性的生产系统分析，而不适用于控制任务。该方法仍可用于进一步的鲁棒性容错控制目的。最大加代数（max，+）结构（$\Re_{\max}$, $\oplus$, $\otimes$），可由以下方程式定义：

- $\varphi(\Re_{\max})$的形式为$a = [\underline{a}, \overline{a}]$，是一组实数型紧凑区间。
- $\forall a, b \in \varphi(\Re_{\max})$，$a \oplus b = \max(\overline{a}, \overline{b})$。
- $\forall a, b \in \varphi(\Re_{\max})$，$a \otimes b = [\underline{a} + \underline{b}, \overline{a} + \overline{b}]$。

类似于先前的定义，矩阵 $X, Y \in \varphi(\Re_{\max})^{m \times n}$ 和 $X \in \varphi(\Re_{\max})^{n \times p}$ 也适用于以下公式：

$$(X \oplus Y)_{ij} = x_{ij} \oplus y_{ij} = \max(\overline{x_{ij}}, \overline{y_{ij}}) \quad (5\text{-}5)$$

$$(X \otimes Z)_{ij} = \oplus_{k=1}^{n} x_{ik} \otimes z_{kj} = \max_{k=1,\cdots,n}(\overline{x_{ik}} + \overline{z_{kj}}) \quad (5\text{-}6)$$

对所有的 i, j。

5.2.3 区间性最大加线性模型

利用上一节所介绍的内容，可将最大加线性状态空间模型扩展到区间矩阵。这可以用一个很简洁的形式表达：

$$x(k+1) = A \otimes x(k) \oplus B \otimes u(k) \quad (5\text{-}7)$$

$$y(k) = C \otimes x(k) \quad (5\text{-}8)$$

这里：

- $x(k) \in \Re_{\max}^{n}$是一个 n 维状态向量$x_i(k)$，$i = 1 \cdots n$。
- $y(k) \in \varphi(\Re_{\max}^{r})$是一个 m 维输出向量，$y_i(k)$，$i = 1, \cdots, m$。
- $u(k) \in \Re_{\max}^{r}$是一个 r 维输入向量$u_i(k)$，$i = 1 \cdots r$。
- $A \in \varphi(\Re_{\max}^{n \times r})$是状态转移矩阵。
- $B \in \varphi(\Re_{\max}^{n \times n})$是控制矩阵。
- $C \in \varphi(\Re_{\max}^{m \times n})$是输出矩阵。

通过装配和运输的时间间隔（比较表 5-1），参考它们各自符号对应项，来获得这些矩阵：

$$A = \begin{bmatrix} [5,7] & \varepsilon & \varepsilon & \varepsilon & \varepsilon & \varepsilon & \varepsilon & \varepsilon & \varepsilon \\ [13,19] & [2,4] & \varepsilon & \varepsilon & \varepsilon & \varepsilon & \varepsilon & \varepsilon & \varepsilon \\ \varepsilon & \varepsilon & [4,6] & \varepsilon & \varepsilon & \varepsilon & \varepsilon & \varepsilon & \varepsilon \\ [18,28] & [7,13] & [11,17] & [7,9] & \varepsilon & \varepsilon & \varepsilon & \varepsilon & \varepsilon \\ [28,42] & [17,27] & [21,31] & [17,23] & [2,4] & \varepsilon & \varepsilon & \varepsilon & \varepsilon \\ [31,49] & [20,34] & [24,38] & [20,30] & [5,11] & [4,6] & \varepsilon & \varepsilon & \varepsilon \\ \varepsilon & \varepsilon & \varepsilon & \varepsilon & \varepsilon & \varepsilon & [1,3] & \varepsilon & \varepsilon \\ \varepsilon & \varepsilon & \varepsilon & \varepsilon & \varepsilon & \varepsilon & [5,11] & [3,5] & \varepsilon \\ [38,60] & [27,45] & [31,49] & [27,41] & [12,22] & [11,17] & [17,31] & [15,25] & [2,4] \end{bmatrix}$$

$$B = \begin{bmatrix} [3,5] & \varepsilon & \varepsilon & \varepsilon \\ [11,17] & \varepsilon & \varepsilon & \varepsilon \\ \varepsilon & [1,3] & \varepsilon & \varepsilon \\ [16,26] & [8,14] & \varepsilon & \varepsilon \\ [26,40] & [18,28] & [3,5] & \varepsilon \\ [29,47] & [21,35] & [6,12] & [9,19] \\ \varepsilon & \varepsilon & \varepsilon & [2,4] \\ \varepsilon & \varepsilon & \varepsilon & [6,12] \\ [36,58] & [28,46] & [13,23] & [16,30] \end{bmatrix}$$

$$C = [\varepsilon,\varepsilon,\varepsilon,\varepsilon,\varepsilon,\varepsilon,\varepsilon,\varepsilon,[3,4]] \tag{5-9}$$

为了能够描述全部的功能,就必须提供一组系统约束。系统约束可以用以下形式表示:

- 首先,所设计的组装系统需要遵循一些预定的运动轨迹,这些轨迹可以通过以下调度约束的形式来定义:

$$x_j(k) \leqslant t_{ref,j}(k), \quad j = 1,\cdots,n \tag{5-10}$$

在此约束下,$x_{ref,j}(k)$ 是在 k 时间时,$x_i(k)$ 的上限。

- 第二个约束条件涉及各个自动引导车的性能:

$$\underline{u}_j \leqslant u_i(k) \leqslant \overline{u}_i, \quad i = 1,\cdots,r \tag{5-11}$$

- 最后一个约束条件涉及变化率:

$$u_j(k+1) - u_j(k) \geqslant z_j, \quad j = 1,\cdots,r \tag{5-12}$$

在这种约束下,$z_j > 0$ 是变化率的上限。

基于这些约束和使用最大加代数,可对装配系统进行更详细的描述,就可以开发出一种控制策略,从而使自动化系统具有最佳的性能。

5.3 容错控制策略

在这种自动过程中,故障可能由自动引导车引起(自动引导车故障),也可能由装配过程（过程故障）本身引起。自动引导车故障可能是能源供应问题、机械系统问题（轮胎、驱动电机等）和基础设施问题（不适当的地表面、充电问题、新障碍物等）。而过程故障通常是由于电池系统的高度复杂性引起的。这种复杂性意味着这类故障无法完全避免，比如，操纵器不完善、过度使用的材料，以及预处理不适当。如果明显违反操作计划，即未达到预定的生产时间时，工艺故障就变得很明显。对于当前的工业实施，由于产品和过程的共同复杂性，因此有必要采取一定的约束和控制质量措施。通常，"模型预测控制"（MPC）是解决这些问题较为有效的可选方法，因为模型预测控制能够处理约束问题。这里所提出的框架方案，可以理解为引入最大加线性系统，进行所谓模型预测控制的扩展。所扩展的主要成分是引入了间隔性最大加（imax plus）框架。该框架可用于计算不确定系统和过程的控制策略，并启用适当的容错机制。根据系统描述和故障情况，可以得出合适的成本函数。还有必要找出使成本函数 $J(u)$ 最小的输入序列 $u(k)\cdots u(k+N_p-1)$：

$$J(u) = -\sum_{j=0}^{N_p-1}\sum_{i=1}^{r} q_i u_i(k+j) \tag{5-13}$$

在这个方程中，$q_i > 0$，$i = 1, \cdots r$ 是一个正的加权常数，对应于第 i 个自动引导车能耗的相对重要性，N_p 代表预测范围。任何违反计划约束的行为，都意味着是装配系统的一个错误行为。因此，在违反调度约束的情况下，不可能解决约束条件下的优化问题。在这种情况下，放松和解除某些调度约束就是比较明智的：

$$x_j(k) \leqslant t_{ref,j}(k) + \alpha_j, \quad j = 1,\cdots,n \tag{5-14}$$

式中，$\alpha_j \geqslant 0$，$j = 1, \cdots, n$ 应该很小，以便减少与预期的时间表的差异。为了获得最佳的 α_j 值，这里提出了一个经过修改的成本函数：

$$J(\alpha) = \sum_{i=1}^{n} \alpha_i \tag{5-15}$$

因此，可以制定一个新的优化性框架：

$$J(u,\alpha) = (1-\beta)J(u) + \beta J(\alpha) \tag{5-16}$$

在该函数中，$1 \leqslant \beta \leqslant 0$ 是由设计者设置的常数，可以对其进行调整，以分别反映 $J(u)$ 或 $J(\alpha)$ 的存在重要性。

在一个给定的初始条件 $x(k)$ 情况下，可以通过求解，来获得最佳输入序列：

$$\overline{u}(k)^* = \arg\min_{\overline{u}(k),\alpha} J(u,\alpha) \tag{5-17}$$

这是对于具有约束式（5-10）~式（5-12）的故障的系统。

这里重要的是要注意，这样一个容错控制系统必须集成到企业现有的计划和控制系统中。这些系统可实现，且能够较为令人满意地提高生产过程的效率。通常，在企业最高层次上所实施的是"企业资源规划"（ERP）系统，该系进行企业资源分配，例如，原材料和中间材料，以及管理生产能力。通常，企业资源规划是指根据企业的既定经营目的，及时进行计划和统筹管理，诸如资金、人力资源、运营资源、材料以及信息和通信技术等资源。该系统通常附带一个"制造执行系统"（MES），它是在多层生产管理系统中，进行生产流程级别的管理，例如，生产计划。一个典型的制造执行系统提供了以下后续功能：

- 定义每种产品的详细生产计划。
- 定义每种产品的详细生产流程。
- 为每种产品规划其生产过程所需的资源（设备、材料、人力资源）。
- 为当前流程分配相应的资源。
- 进行绩效分析和质量管理。
- 在生产车间层启用信息管理和局部生产控制。

这样一个多层次的生产管理系统如图 5-2 所示。

图 5-2　多层次的生产管理系统

为了实现容错控制，在整个预测范围 N_p 内，制造执行系统可以为容错控制系统提供当前状态 $x(k)$ 和调度约束 t_{ref}。制造执行系统还可以传达自动引导车到达各个装配系统 $u_f(k)$ 的实际具体时间，以及与当前处理时间和运输时间之间的间隔。这里，故障诊断模块的主要目的是检测系统中的异常行为。在这种情况下，模型变更模块矩阵 A、B、C 将有故障的副本矩阵 A_f、B_f 和 C_f 替换出来（图 5-3）。

我们使用容错控制系统与模型变更模块一起开发的容错方法，这可通过以下容错控制算法详细描述。

算法：FTC 算法

第 0 步：初始化，设 $k=0$。

第 1 步：测量，测量状态 $x(k)$ 以及实际的生产和运输 $\mathbb{P} = t_1, \cdots, t_{n_t}, d_1, \cdots, d_{n_d}$。

第 2 步：在约束式（5-14）、式（（5-11）和式（5-12）下，求解线性规划问题式（5-17）。

第 3 步：使用 $\tilde{u}(k)^*$，即 $u(k)^*$ 的第一个向量元素，并将其输入系统。

第 4 步：自动引导车故障诊断：如果 $s_i > \delta_i$，则第 i 个自动引导车出现了故障，其中残差为

$$s_i = u_f(i,k) - u(i,k)^* \qquad (5\text{-}18)$$

对于所有 $i = 1, \cdots, r$，$\delta_i > 0$ 是一个很小的正常数，它取决于具体的自动引导车，应由设计者设置。

第 5 步：生产故障诊断，根据一组测量值以及式（5-7）和式（5-8）的形式，计算 A_f、B_f 和 C_f，如果 $A_f \subsetneq A$ 或者 $B_f \subsetneq B$，或者 $C_f \subsetneq C$，则存在生产故障。

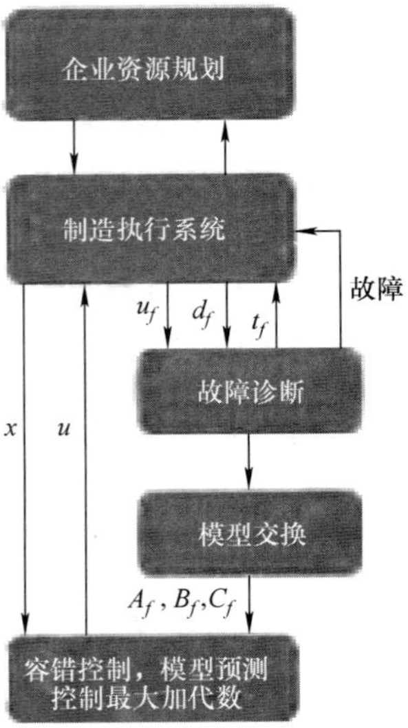

第 6 步：模型变更，在出现生产故障的情况下，将 A、B、C 替换出现故障的 A_f、B_f 和 C_f；否则，如果第 i 个自动引导车出现故障，则将 B_f 由 B 替换为

$$b_{f,j,i} = b_{j,i} \otimes s_i, j = 1, \cdots, m \qquad (5\text{-}19)$$

第 7 步：设定 $k = k + 1$，并返回步骤 1。

图 5-3 预测性容错控制方案

为了验证这种创新型的容错控制策略，第 5.1 节中介绍了电池组装系统。基于此目的，还开发了一个通用的设计程序：

1）确定系统输入、状态和输出。
2）设计系统的原理图结构（比较图 5-1）。
3）确定系统的所有特征操作时间，即处理和运输时间（比较表 5-1）。
4）确定系统的最大区间加模型式（5-7）和式（5-8）。
5）定义调度、执行器性能（例如自动引导车）和速率变化约束式（5-14）、式（5-11）和式（5-12）。
6）定义一组可能影响系统的故障，即过程和执行器故障（例如，自动引导车故障）。
7）设置容错控制算法的参数，即 N_p、q_i、δ_i 和 β。
8）运行容错控制算法。

5.4 容错控制策略的应用

本节讨论电池组系统算法的可靠性验证。通过对电池装配系统进行分析，可确

定出两个较为突出的故障情景。

- 第1种情况：一种不允许的处理时间延迟故障，发生在组装电池控制器 d_2 时，该延迟从 $k=3$ 事件计数器开始。
- 第2种情况：出现第1种情况的故障，但同时还附加有自动引导车故障，该故障导致延迟4，从 $k=5$ 事件计数器开始。

因此，有意识地在定义若干参数和约束的基础上，进行了详细的仿真工作。图5-4 是第1种情况的仿真结果。

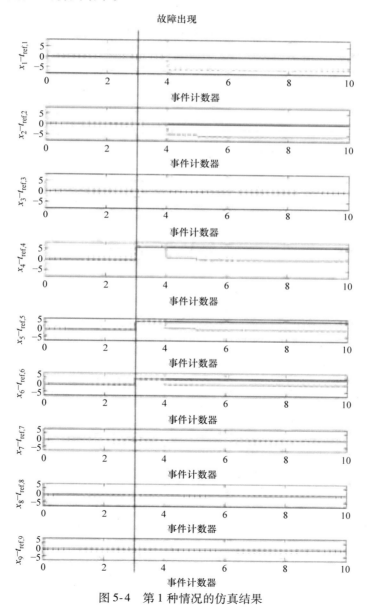

图 5-4　第1种情况的仿真结果

如图 5-4 所示，在第 1 种情况中，实际状态 $x_i(k)$ 具有容错控制（虚线）和不具有容错控制（实线）之间的差异。

图 5-4 显示了两种不同策略之间的状态差异，即不同处理单元开始工作的时刻和参考时间表。可以说，两种不同的策略，即带和不带容错控制，两者的性能基本一样好，直到在 $k=3$ 事件计数器处，发生故障为止。但是，在发生故障之后，没有容错控制机制的模型预测控制，将会导致生产进度表的永久性延迟。这个在状态 x_4、x_5 和 x_6 中可很清楚地观察到。明显可见，采用所提出的容错控制算法，可实现的实际状态 x_4、x_5 和 x_6，能够趋向于所需的理想时间表。而系统的这种行为，则是通过减少初始生产时间来实现的。图 5-5 显示了在第 1 种情况下，上述电池组装系统的运行行为。这清楚地展示了所提出方法的良好性能。

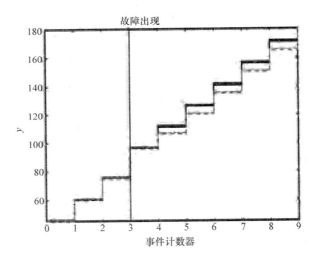

图 5-5　第 1 种情况下上述电池组装系统的运行行为

图 5-5 所示为在第 1 种情况下，带有容错控制（虚线）和没有容错控制（实线）的系统运作行为。

如果考虑更为复杂的第 2 种情况，则可以看到所提出方法的全部性能。第 2 种情况的仿真结果如图 5-6 所示。

图 5-6 所示为在第 2 种情况中，实际状态 $x_i(k)$ 具有容错控制（虚线）和不具有容错控制（实线）之间的差异。

图 5-6 再次描述了各种状态中，各个不同情况之间的差异。在故障发生之前，两种策略都表现出基本相同的性能。而后，在故障发生之后，无容错控制机制（FTC）的常规模型预测控制（MPC）将导致永久性延迟，这可从状态 x_3、x_4、x_5 和 x_6 中识别出。而实际采用的是带有容错控制机制，从其结果看，状态 x_3、x_4、x_5 和 x_6 接近预期的时间表。这可以通过缩短 x_1、x_2 的生产时间，以及修改第二个自动

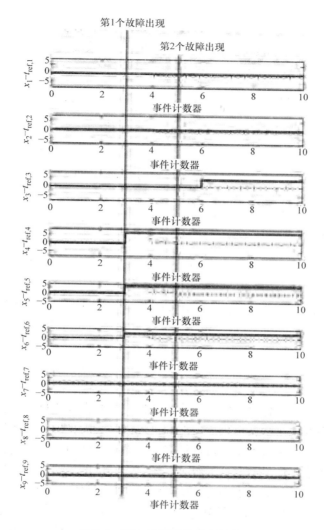

图 5-6 第 2 种情况的仿真结果

引导车到达的时间来实现。图 5-7 显示了在第 2 种情况下，两种不同策略导致的系统行为界限。这里，最终界限是估算的极限值，该方法的独特之处在于，不仅要确定估计值，而且要确定一个有界限的间隔，这些是最终界限。这清楚地表明，所建议的方法在更复杂情况下的性能改善。

图 5-7 所示为在第 2 种情况下，带有容错控制（虚线）和没有容错控制（实线）的系统行为的最终界限 y。

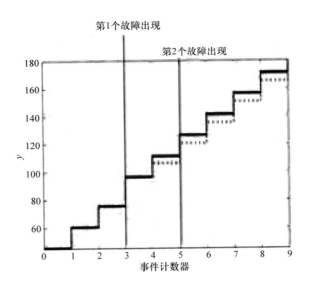

图 5-7　在第 2 种情况下两种不同策略导致的系统行为界限

5.5　结论

　　本章总结了在工业化电池组装系统中，试图实施自动化过程，且进行容错控制的现状。在过去的几年中，可再生型能源市场已经大大扩展，从而导致对诸如电池能量存储系统的需求也增加了。仅依靠高度自动化的电池组装系统，只能部分经济性地满足这些要求。如果需要这类组装系统具有高度的可实用性，这里非常重要的一点就是此类系统必须具有很高水平的容错能力，以便它们能够连续性地进行生产，而不会因故障造成中断。另外，由于电池本身的独特特性，例如，高能量密度、安全问题，就要求系统具有极高的容错能力。本章介绍了一种可以大大提高系统容错水平的方法。这种方法使用了区间性最大加代数（Interval Max – PlusAlgebra），其最有意义的特征，就在于可以描述不确定性的离散事件系统。这样，所述组装系统的各种故障，主要指自动引导车故障和过程故障，可以通过开发相关的方法解决。而且这些方法的性能也已得到了实际验证。对未来的容错控制研究而言，将是针对传感器数量少，且通信量较少的组装系统，即那些无法测量的系统，也就是无法掌握控制时间的系统。

参 考 文 献

1. ISO 19440–2007 (Enterprise integration—constructs for enterprise modelling)
2. VDI 5600–2016 (Manufacturing execution systems (MES))
3. Baccelli, F., Cohen, G., Olsder, G.J., Quadrat, J.P.: Synchronization and linearity: an algebra for discrete event systems. J. Oper. Res. Soc. **45**, 118–119 (1994)
4. Blanke, M., Kinnaert, M., Lunze, J., Staroswiecki, M.: Diagnosis and Fault-Tolerant Control. Springer, New York (2016)
5. Butkovic, P.: Max-linear Systems: Theory and Algorithms. Springer (2010)
6. Cechlarova, K.: Eigenvectors of interval matrices over max-plus algebra. Discr. Appl. Math. **150**, 2–15 (2005)
7. de Schutter, T., van den Boom, T.: Model predictive control for max-plus-linear discrete event systems. Automatica **37**(7), 1049–1056 (2001)
8. Majdzik, P., Akielaszek-Witczak, A., Seybold, L., Stetter, R., Mrugalska, B.: A fault-tolerant approach to the control of a battery assembly system. Control Eng. Practice **55**, 139–148 (2016)
9. Majdzik, P., Stetter, R.: A receding-horizon approach to state estimation of the battery assembly system. In: Mitkowski, W., Kacprzyk, J., Oprzedkiewicz, K., Skruch, P. (Eds.) Trends in Advanced Intelligent Control Optimization and Automation, pp. 281–290. Springer (2017)
10. Seybold, L., Witczak, M., Majdzik, P., Stetter, R.: Towards robust predictive fault-tolerant control for a battery assembly system. Int. J. Appl. Math. Comput. Sci. **25**(4), 849–862 (2015)

第6章 预测自动化过程组件的剩余使用寿命

本章将介绍预测"剩余使用寿命"（RUL）策略，以规划装配系统的自动化流程。出于多种原因，例如灵活性和可用性，一些装配系统经常使用自动引导车辆承担运输任务。采用这种创新性的策略，就要考虑其剩余运行时间问题。而这里的剩余工作时间，可能在很大程度上，取决于供电电池的状态，例如：它的充电状态及其健康状况。因此，在本章中，我们将介绍一种用于估算电池状态的创新性算法。此外还提出了一种新型的合作性自动引导车预测控制策略。根据在组装过程中早期已完成任务的状态，此策略采用两个可选方式来协调自动引导车运作。就是在存在一些约束和要求的情况下，将算法和策略组合，对装配和运输过程进行最佳控制，例如，提高每个装配站的生产率，以及自动引导车的运输效益，进而提高整个系统的装配或操作能力。本章的主要内容都来自作者的出版物，可参见参考文献。

在第6.1节中，首先介绍了有关的基础知识和研究。第6.2节提出了相应的应用实例，第6.3节总结了其中三个研究领域的技术现状，以估算剩余使用寿命、可充电电池状态建模，以及使用自动引导车，对复杂生产系统进行预测控制。第6.4节介绍了预测剩余使用寿命的方法。在第6.5节中具体讲述了估算可充电电池状态的算法。第6.6节就是根据该算法进行剩余使用寿命估算。在第6.7节中，对充电状态的性能进行了评估。在第6.8节中，针对带有自动引导车的复杂生产系统，对其预测控制框架做了重点介绍。所有的理论性内容均在第6.9节中进行了验证。最后，第6.10节作为全章的总结。

6.1 简介

在生产过程中，自动引导车的主要能源是可充电电池，例如，锂离子电池。这种能源解决方案的明显优势，例如有效性和效率，与一些技术性挑战，例如可用性和可靠性，两者戚戚相关。比如，有些挑战就是要给电池充电，这需要一定的时间，以避免电流过大而造成电池过早失效。在充电期间，为了防止生产流程中断，自动引导车通常必须停靠在一个地方，而其他的车辆就需要接管其生产任务。另一个挑战就是基于这样的事实,即一个电池已老化的自动引导车,甚至可能无法完成其工作任务,并可能"瘫痪"在装配系统中的某个位置。这可能会导致物流阻塞,需要暂停整个生产系统。

因此,就制造和组装系统的运营商而言,他们需要对自动引导车的电池状态进行值得信赖的评估。通过这样的评估,可对这些系统进行适应性控制,以及(至少部分地)补偿电池衰退的负面影响。可充电电池最重要的特性是其"充电状态"(State of Charge,SOC)和"健康状态"(State of Health,SOH)。电池消耗能量直接影响其充电状态。今天,有可能通过电压、电流和相应的持续时间分析,设计和构建监测系统。但是,不能总是保证电池处于充满状态,突然性的能量消耗,一般会导致放电量高于预期值。因此,很不容易估计充电状态。

对健康状况的估计,一般更是微不足道。电池在其使用寿命和运行周期中,复杂的电化学反应就会降低电池的可用容量。只有电池在正常应用中断开和接通,并且以可控方式连续性地放电,才能确切地估算其剩余容量;而在实际生产系统中,这通常是不可能的,或者至少是非常令人感到困扰和复杂的。这些事实都强调了算法的重要性,以估算电池的剩余可用容量。

为了简化有关充电状态(SOC)和健康状态(SOH)的估算,本章使用以下的定义,我们在自动引导车执行确定任务的前提下,描述自动引导车所涉及的任务概念。

- 电池的健康状态是从给定的初始充电状态到零值的循环次数 k_f。

这种直观的定义在充电状态和健康状态之间建立了直接的联系。比如,如果是两个电池,其中一个崭新,健康状态良好,而另一个已经衰退的电池,只能够执行较少数量的循环 k_f。此外,显然由于上述电化学过程,在电池本身的使用寿命内,循环次数 k_f 也会减少。因此,循环数字 k_f 可用于电池"剩余使用寿命"的预测。

已有大量的研究工作,都涉及使用自动引导车,附加适当的执行器和传感器来实施和控制运输过程。其结果是需要强大的控制算法,以实现更为协调、有效和高效的运输流程,以及对这些流程进行优化。到目前为止,就自动引导车驱动电池而言,针对其健康状态的评估、剩余使用寿命的预测,都不是这些研究活动的内容。

本章的重点在于介绍框架的设计,利用这一框架可对电池的状态进行可靠的评估,并预测其剩余使用寿命,以及针对生产系统,在制订运输过程的预测性计划中给予考虑。

因此,本章描述的研究方法,包括以下四个步骤。
- 从文献分析中建立电池的状态模型。
- 从可用测量值中,开发估算电池当前状态的算法。
- 根据电池状态估计,制定预测健康状况和剩余使用寿命的策略。
- 扩展现有框架,将剩余使用寿命的信息纳入组装系统,进行运输过程的规划和控制。

图 6-1 描述了这些研究步骤。

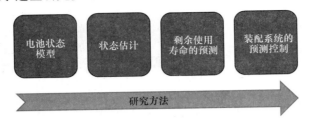

图 6-1　研究步骤

6.2　应用举例

　　这里的示例就是在汽车座椅生产过程中,如何应用自动引导车进行物流操作。当前,汽车行业的主要趋势是自动驾驶。在现在和将来,尤其是在大城市拥挤的街道上,开车的人总希望减轻或摆脱车辆纵向和横向控制所需进行的艰巨而繁琐的操作。现在,世界上领先的汽车制造商正在接受这一挑战,并计划在未来几十年中推出越来越多的无人驾驶解决方案。但是,这很可能会从根本上改变汽车的使用方式,进而改变整个汽车的内部结构。在驾驶过程中,驾驶员不再需要专注于道路的交通状况,他们将有时间从事其他活动,例如,休闲、交流和工作。通常,驾驶员都希望其座椅可提供一个更加舒适放松的姿势,并且为了便于与同车的乘客进行交流,希望座椅可以旋转,以便大家面对面地交流。

　　在今后的几十年中,车辆交通将以自动驾驶和非自动驾驶两个方式的混合为特征。因此,驾驶员和乘客的被动安全性,仍将是一个主要的问题。如果要求座椅可以旋转,则需要将安全带、侧面安全气囊和交叉安全气囊一起集成到座椅中,因此,即使座椅的位置不面向前方,安全带、侧面安全气囊和交叉安全气囊仍可处于良好的位置。这时设计被动安全系统的其他组件,例如前排安全气囊,都需要以下信息:驾驶员和乘客的方位和姿势。座椅中的传感器将有助于收集此类数据信息。

　　当今,汽车行业的另一大趋势是电动汽车。由于物理上的限制,电驱动的持续行程范围较窄,这将是未来几十年的一个课题。还有,调节车辆内部的温度,这也需要消耗大量的能量。如果加热和冷却装置能尽可能靠近人体,则可以大大减少对能量的需求。人体与车辆最大的身体接触处是座椅,因此座椅的加热和冷却系统将在电动汽车领域将变得更加重要。安全带和安全气囊的集成、各种传感器的集成,以及加热/冷却的集成,这三个方面的因素将导致座椅本身几何形状和空间体积加大。这一发展趋势也可能导致座椅生产厂内对物流系统的需求发生相应的变化。为了满足这些新的要求,德国拉芬斯堡-魏恩加腾应用技术大学开发了一种具有独特转向功能的自动引导车。该自动引导车以及其中一个驱动模块连同其侧视图,如

图6-2所示。

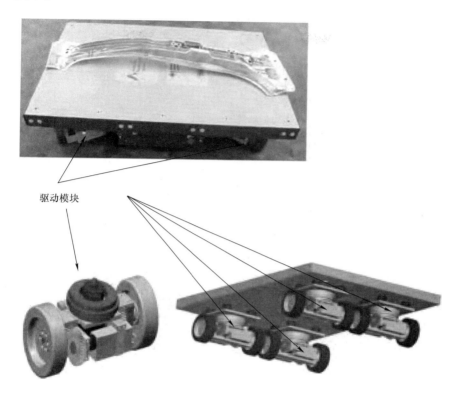

图6-2 自动引导车实例：驱动模块（左下方）和侧视图（右下方）

该自动引导车的一个独特特征就是其转向系统，该系统由四个独立的驱动模块组成，可根据车轮之间的转矩差进行转向操作。从理论上讲，各个驱动模块可以使车轮围绕各自的垂直轴线自由旋转，而实际上，还使用了轴制动器，在直线快速行驶的情况下，各个轴制动器会固定在一定的转向角，以提高车辆的动态性能，并提高对所行驶的地表面，当具有较小障碍物、不平坦状况的容忍度。通过平衡两个驱动轮之间的转矩，可以获得每个模块所需的转向角，这种独特的转向系统如图6-3所示。

在自动引导车的中央控制单元内建立了运动学和动力学模型，这就可根据车辆总体所预定的驱动方向、方位和驾驶模式，来确定每个驱动模块的期望转向角。为了估计和确定自动引导车的状态，就需要若干测量值（图6-4）。

最重要的测量内容可以是：
- 首先是那些可以直接测量的特性，例如，电池电压或驱动电机的温度。
- 其次是产品动态参数，例如，电流。通过测距法和全球定位系统，可以确

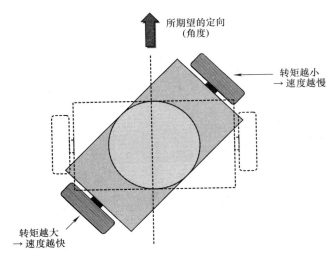

图6-3 自动引导车示例：转向系统

所涉及的实体
· 产品特性
  （例如，电压，电机温度）
· 产品流量
  （例如，电流）
· 产品的位置和方位
· 噪声、振动、平顺性
· 产品性能
  （例如，速度）
· 产品任务的履行
  （例如，运输的货物）

AGV自动引导车

图6-4 自动引导车实例：各种可能需要的测量参数

定位置和方位。

- 对剩余使用寿命预测而言，非常重要的是噪声、振动和不平顺性。
- 其他可能的参数，涉及产品的性能，例如，可达到的行驶速度，或者其操作执行程度，例如，在特定时间段内，所运输的货物数量。

有关自动引导车蓄电池的状态测量，这将在本章的后续部分中使用到。如前所述，在座椅生产工厂中，自动引导车需要能够输送较大体积和较重的座椅。其中座椅框架的运输，如图6-5所示。

图6-5中的座椅框架还不是其完整的结构，因为，当前还无法显示具有安全性

图 6-5　应用实例：座椅框架的运输

组件、传感器和加热/冷却集成功能的完整状况。在座椅生产厂中，组装操作员希望以有效和高效的方式使用自动引导车。为此，有关自动引导车电池充电和健康状态的信息，是非常重要的。本章所介绍的一项重要研究结果，就是对电池的充电状态和健康状况，提供可信赖的估计数据信息。这有助于对运输过程进行预测性计划，并改善资源分配。在我们的运输方案中，已组装的座椅框架将要在两个组装工位之间运输，如图 6-6 所示。

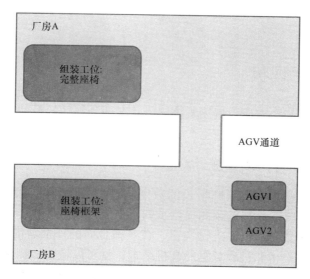

图 6-6　座椅框架运输场景

在厂房 A 的工位（组装工位：座椅框架），诸如安全带、安全带锁、安全气囊和加热/冷却系统等模块，被安装到座椅的金属框架上。在另一个更清洁的厂房 B（组装工位：完整座椅），一名专业技师将添加泡沫类部件、座椅套和其他装饰件。还有一条路径，允许自动引导车在厂房 A 和 B 之间行驶。在这种情况下，由两个自动引导车就可以执行给定的运输任务，即 AGV1 或 AGV2。图 6-7 显示了操作顺序。

重要的是要注意，一辆自动引导车无法按照所要求时间表完成全部组装任务，因此至少需要有两辆车进行合作。可将这一组装系统理解为具有并行性的系统。在给定的情况下，其工作范围较宽广。另外，所要组装的座椅框架，其重量可能相当大。因此，操作人员希望获得有关自动引导车电池状态可信赖的数据信息，以协助规划和控制自动导引车的运输过程。

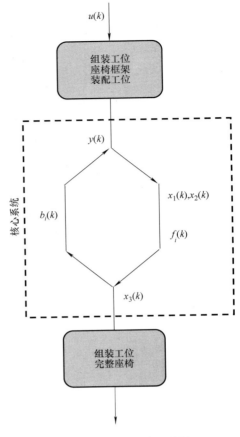

图 6-7　运输场景：过程

6.3　当今技术现状

本节内容包括三个方面：概述系统健康状况预测评估的最新技术，对可充电电池的状态进行建模，以及在复杂生产系统中进行预测控制。

6.3.1　剩余使用寿命的预测

全面普及的网络连接、不断增长的数字化过程，以及传感器技术领域的新发展，这些都为系统健康状况的预测提供了创新型的方案和算法。而这种预测技术的基础就是对模拟和数字数据，进行快速、有效和全面的评估。借助持续性的监控、数据通信、传感器技术和过程数据的有机结合，就可以快速检测出系统状态与预定标准状态的偏差。比如，组装的操作人员就有机会在系统损坏或失效之前，及早做出应对反应。还可以根据健康状况的预测，规划系统维护的时间间隔。这种基于运行条件的维护,可以代替传统的单纯基于时间的方式。通过这种运营与服务的最佳协调,就可以显著地减少计划外的系统停机时间、维护和维修成本,并增加生产过程中的正常运行时间。借助于健康状态的预测,还可以进行面向未来的优化。

在这种情况下,术语"预测"的核心含义就是对产品和系统的健康状态,提前进行的技术评估。为此目的,有关产品过去使用情况的信息、当前所处的生产状况和技术状态,以及将来可能的操作和环境条件,对所有这些信息都要进行处理。为了控制日趋复杂的生产系统,就需要能够对系统剩余寿命时间内的状态,进行尽可能可靠的预测,而不能到了故障错误出现才进行,这将导致生产过程中断,造成严重的生产延迟后果。在工程学术界,已对此类愿望做出了相应的反应,许多研究项目正在试图解决系统健康预测中的一些普遍存在的问题。这些研究项目的总体目标就是估算"预计失效时间"(ETTF),或其同义词"剩余使用寿命"(RUL)。简而言之,许多研究人员正在征集和开发各种方法,例如,可充电电池显示出明确的衰退特征,用以估计它在达到特定故障阈值之前的剩余可使用时间。

所谓的失效阈值就是表示一个技术系统,当其衰退特征达到该数值时,将无法再执行其预期的功能。在这种情况下,将失效和错误区分开来非常重要。通常,错误被理解为系统性能与可接受量值之间的偏差,不会导致所需功能的永久性中断。而"失效"则是描述灾难性的事件。通常,可以从技术系统的功能要求中,制定和得出失效阈值,或者从产品功能中提取出来。

技术系统的典型衰退过程和相应的剩余使用寿命,如图6-8所示。

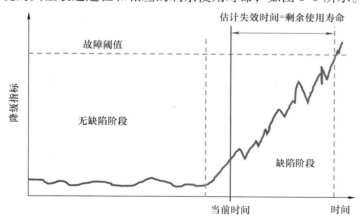

图6-8 剩余使用寿命的典型衰退过程

这里重要的是要注意,一个复杂的系统通常由多个模块和组件组成,而这些模块和组件都可以具有各自独特的剩余使用寿命。总体而言,如果在一个连续的时间范围内描绘系统故障概率行为,通常会表现为如下的走向(图6-9)。

在此图中,有三个区域清晰可见。在早期,由于产品存在制造和组装的质量问题,这可能会导致故障出现,即所谓的婴儿阶段。在主要的中间运行区域,可以观

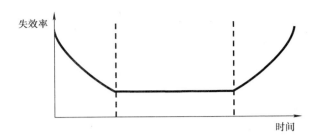

图 6-9 浴缸曲线

察到早期性、比较恒定的故障概率值。而当系统逐渐老化时，它将到达其寿命后期，在该区域内，由于衰退的影响和组件磨损加剧，都会导致故障发生，因此其故障率将不断上升。另外，应该指出的是，该曲线具有一定的逻辑性，也有一定的科学依据，即这类浴缸型曲线，是否在所有的阶段都可认为是有效的，以及像防衰退这类的技术，是否可以改善系统早期的行为。

如前所述，在世界范围内已有很多研究团队，正在积极地研究系统健康的预测问题。我们可以将结果进行比较和总结，得出了几个简洁的观点和看法。在较为一般的水平上，可以基于剩余使用寿命的直接信息，来直接区分预后方法，即它们可以是基于模型的、数据驱动的或混合式的。而在物理特性方面，例如，在负载下的材料老化，这是基于模型方法的基础，并可以用数学形式表示。基于模型的方法，它的一个重要优点就是其普遍性，即此类模型可在一定程度上进行推广，并且对数据的依赖性较小。另外，这类方法允许进行合理性检查，例如，维度分析。辅助以企业专业知识，这类模型可涉及和覆盖产品的整个生命周期、某些生命阶段中的负载状况、产品的结构、几何形状以及材料特性。这些专业性知识可以加深对系统故障中潜在物理机制的了解，并可以估算剩余使用寿命。有一种特殊形式的基于知识的方法，它比较系统正常表现和故障行为，这些都可事先确定。而在一个专家系统和一个模糊系统之间存在区别是完全可能的。

就数据驱动方法的前提而言，它需要相当数量的状态监视数据。这些方法依赖于诸如神经网络和"支持向量机"（SVM）之类的人工智能（AI）技术，或者诸如回归模型，基于相似性之类的统计学方法。有发展趋势的方法是"自回归移动平均线"（ARMA）模型，以及粒子滤波（Particle Filtering）、"扩展卡尔曼滤波"（EKF）、间隔观察器、"无损卡尔曼滤波器"（UKF）、贝叶斯技术（Bayesian Techniques）、高斯过程回归（GaussianProcessRegression），以及隐马尔可夫（Hidden Markov）和半隐马尔可夫模型（Hidden Semi-Markov Models）。

上述这两种主要方法的组合，可用于混合模型。图 6-10 概括总结了估算方法。

6.3.2 电池衰老模型

如今，在许多蓄电池应用中，大都使用锂离子可充电电池，因为与铅酸、镍镉

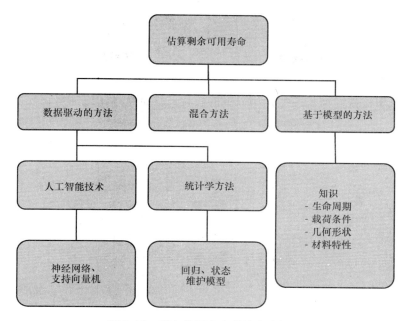

图 6-10　剩余使用寿命估算方法概述

和镍金属氢化物电池相比,它在能量密度和耐用性方面都显示出较为优越的特性。为了利用锂电池技术的优势,就有必要分析并描述其衰退过程。已有一些科学研究项目试图解决这些问题,比如"贝叶斯框架"(BF)、"信息融合理论"(DST)和"贝叶斯蒙特卡洛"方法、"扩展卡尔曼滤波器"(EKF)。双重滤波器由一个标准卡尔曼滤波器和一个"无损卡尔曼滤波器"(UKF)组成,"线性参数变化"(LPV)模型和非线性预测滤波器。此外,还使用了人工智能方法,例如,"支持向量机"(SVM)和"相关性向量机"(RVM)。针对汽车行业,对汽车用电池的衰退评估,Barre 等进行了详尽的回顾,还有 Rezvanizaniani 和 Berecibar 等人(详见参考文献)。

通常,估计可充电电池系统的剩余使用寿命非常困难,这是因为,在使用过程中,可能会同时出现两种衰退形式:日历衰退和操作衰退。就日历衰退而言,其核心含义是可充电电池的可用容量,将随着寿命的延长而逐渐降低。通常,这种衰退过程不是线性发展的,还取决于若干外部因素,例如,工作环境的温度。由于电池的持续性充放电循环,操作衰退实质上就是一个老化过程。充放电循环中的某些特征会对电池退化产生严重的影响,例如,快速放电循环比缓慢放电循环会导致更严重的电池寿命衰退。电池充电循环也是如此。日历衰退和操作衰退的结果,就是电池的电阻增加,而电容量减小。

Saha 等人提出了可充电电池的五个主要状态参数(详见参考文献)。
- 电解质电阻 R_E 的退化参数 λ_{R_E}。

- 电荷转移电阻 R_{CT} 的退化参数 $\lambda_{R_{CT}}$。
- 电解质电阻 R_E。
- 电荷转移电阻 R_{CT}。
- 额定电流 C_I 时的容量。

他们采用指数性增长模型，用以下的方程式详细阐述了电池退化模型：

$$mpv_{IBP} = C_{IBP} \cdot exp(\lambda_{IBP} \cdot t) \tag{6-1}$$

式中，mpv_{IBP} 是电池内部参数 IBP 的模型预测值，比如 R_E 或 R_{CT}。可用以下公式来描述该系统模型：

$$x_k = \begin{cases} \lambda_{R_E}: x_{1,k} = x_{1,k-1} + \omega_{1,k} \\ \lambda_{R_{CT}}: x_{2,k} = x_{2,k-1} + \omega_{2,k} \\ R_E: x_{3,k} = x_{3,k-1} exp(x_{1,k} \cdot \Delta t) + \omega_{3,k} \\ R_{CT}: x_{4,k} = x_{3,k-1} exp(x_{2,k} \cdot \Delta t) + \omega_{4,k} \\ C_I: x_{5,k} = \alpha(x_{3,k} + x_{4,k}) + \beta + \omega_{5,k} \end{cases} \quad y_k = \begin{cases} R_E^*: y_{1,k} = x_{3,k} + v_{1,k} \\ R_{CT}^*: y_{2,k} = x_{4,k} + v_{2,k} \end{cases} \tag{6-2}$$

式中，x_k 是状态向量，y_k 是测量向量。可以使用当前容量估算值 $x_{5,k}$ 计算充电状态 (SOC)。这种方法显示出很好的准确性。但是，阻抗测量需要昂贵且笨重的设备，并且很耗时。为此，Taborelli 和 Onori 提出了一个更实用的数学模型。它使用了以下状态空间公式，即四个元素的单元，命名为"平均单元"。

$$\begin{cases} SOC_{k+1} = SOC_k - \dfrac{\Delta t}{Q_{nom}} I(k) \\ V_{CT}(k+1) = e^{-\frac{\Delta t}{\tau_{CT}}} V_{CT}(k) + R_{CT}(1 - e^{-\frac{\Delta t}{\tau_{CT}}}) I(k) \\ V_{Dif}(k+1) = e^{-\frac{\Delta t}{\tau_{Dif}}} V_{Dif}(k) + R_{Dif}(1 - e^{-\frac{\Delta t}{\tau_{Dif}}}) I(k) \end{cases} \tag{6-3}$$

还使用了两个电阻/容量变体 (R_{CT}, C_{CT}, R_{Dif}, C_{Dif}) 以及时间常数 $\tau_{CT} = R_{CT} C_{CT}$ 和 $\tau_{Dif} = R_{Dif} C_{Dif}$，分别代表"电荷转移"(CT) 和扩散 (Dif) 过程。而平均输出电压 $V(k)$ 与相关的电压降有关：

$$V(k) = V_{OCV}(SOC(k)) - V_{CT}(k) - V_{Dif}(k) - R_0 I(k) \tag{6-4}$$

这里是电池的平均"开路电压"(OCV) 的充电状态函数 $V_{OCV}(SOC)$，即与任何电路断开连接时，电池两个端子之间的电势差，以及电池单元的内部电阻 R_0。Taborelli 和 Onori 将状态向量定义为 $x_k = [SOC(k), V_{CT}(k), V_{Dif}(k)]^T$。模型的输入为电流 $u_l = I(l)$，其输出电压 $y_l = V(l)$。由此，生成电池非线性状态空间模型：

$$x_{l+1} = Ax_l + Bu_k \tag{6-5}$$

$$y_l = g(x_l, u_l) \tag{6-6}$$

矩阵 A 和 B 分别为

$$A = \begin{bmatrix} 1 & 0 & 0 \\ 0 & e^{-\frac{\Delta t}{\tau_{CT}}} & 0 \\ 0 & 0 & e^{-\frac{\Delta t}{\tau_{Dif}}} \end{bmatrix}$$

$$B = \begin{bmatrix} -\dfrac{\Delta t}{Q_{max}} \\ R_{CT}(1 - e^{-\frac{\Delta t}{\tau_{CT}}}) \\ R_{Dif}(1 - e^{-\frac{\Delta t}{\tau_{Dif}}}) \end{bmatrix} \quad (6\text{-}7)$$

在第 6.5 节中，将提出一种创新型算法，用来估算可充电电池的状态。

6.3.3 组装系统的预测控制

本章的应用示例是一个采用自动引导车的生产系统，主要在多个厂房之间，承担座椅框架和完整座椅的运输任务。对于这种系统，最主要的要求就是高度的可靠性和可用性，以及高度的灵活性，因为在将来，可能会有新的座椅产品出现。为了满足未来的过程控制策略，就需要解决这些要求，并且在一定程度上，容忍生产系统出现错误和故障。这些要求都可以通过一个有效的"容错控制"（FTC）框架来解决，这一框架可以基于生产系统，将系统行为描述为"离散事件系统"（DES），并应用离散事件区间最大加代数方法，解决预测控制问题。在过去的几年中，通过应用这种数学描述，我们创建了一种基于模型预测控制的容错策略（请参见第 5 章内容）。

6.4 剩余使用寿命的预测方法

本节将讨论对工业系统的"剩余使用寿命"进行可靠预测的方法。首先，整个内容集中在可充电电池衰退指标上。然后讨论了其上级系统剩余使用寿命的预测。最后，阐述了剩余使用寿命与容错之间的关系。

6.4.1 衰退指标

从图 6-4 可知，通常可以使用几种不同的测量方法，从理论上讲，都可以将其用于剩余使用寿命的估算。为了便于搜索和检测，可以采用一种称为"黑盒分析"或"黑盒图"的方法。在图 6-11 中，表示了一个自动引导车的黑盒图示例。

这种技术可以使系统专注于其输入和输出过程。而输入和输出信息可以是用于剩余使用寿命估计过程的重要输入信息。任何系统的核心输出都是其性能，这涉及该系统的主要功能及其定量性实现。由于自动引导车的主要功能是"运输货物"，因此，就可以通过其可达到的行驶速度和车轮转矩来描述其运输性能，这两个参数影响到加速和爬坡能力。

图 6-11　自动引导车的黑盒图

产品和系统的性能消耗,例如,自动引导车的电能消耗,也可能导致其健康指标下降和衰退。正是因为有几种形式的系统衰退,导致零部件表面状态恶化、摩擦力加大、电能消耗增加。其中,运动的机器零部件会引发振动,这也可能是影响健康指标的主要因素,例如,由于所行驶的表面不够平整,就会导致振动加剧。还可能产生的附带现象是热量排放增高,可能高于预期值,通常,这也可能表明技术系统存在一定的问题。接下来的小节,将详细介绍检测其中五个突出性能指标的方法。

6.4.1.1　面向性能的衰退检测

产品的性能可能是其健康和退化状况的一个重要指标。对于自动引导车而言,其系统性能可以通过最大可达到的速度和爬坡能力来表示,而爬坡能力与车轮的转矩有关。为了监视技术系统的退化过程,可以定义一个无量纲的衰退指标:

$$DI_{P_0} = \frac{当前性能}{初始性能} \tag{6-8}$$

式中,DI_{P_0}表示了一个面向性能,且相对初始性能的衰退指标。事实上,许多产品的性能并不是线性衰退。其衰退行为如图 6-12 所示。

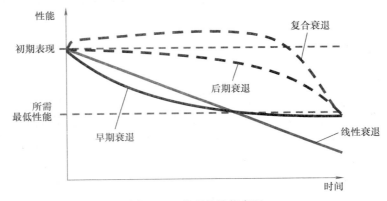

图 6-12　典型的性能衰退

通常,产品比实际工作任务所需的性能具有更好的性能,因为这是考虑到了一定的安全裕度,并且容许一定程度上的衰退。就典型的最低性能要求而言,它一般为初始性能的50%~90%。在通常使用情况下,性能下降是非线性的。经过一段时间后,性能甚至有可能略有提高,这是因为某些制造缺陷可能会随着投入运行而逐渐消失。但几乎在所有情况下,系统性能都会在发生故障之前下降,例如,由于润滑层减少,而摩擦加剧产生零部件损伤。因此,可能会出现复合性能下降(比较图6-12)。当前的研究项目中,都考虑和应用了性能退化参数和生命周期数据,以便能够估计剩余使用寿命。

6.4.1.2 面向损耗的衰退检测

本小节继续讨论对产品衰退的检测,这里主要针对产品或其组成部分的损耗问题,例如,电动执行器的功耗。衰退的系统通常运行效率也要降低,这是很常见的,比如,系统内零部件接触表面不够光滑,而导致摩擦效应加剧。对此,可以定义一个无量纲的衰退指标:

$$DI_{C_0} = \frac{初始消耗}{当前消耗} \tag{6-9}$$

式中,DI_{C_0}是面向损耗的衰退指标。通常,还可以将系统的工作效率用作衰退指标,这将导致类似的结果。

如今,通常可以监控系统内不同部分的损耗,正是因为这种监控功能,可以帮助开发更加有效的产品组件,并且已在许多工业系统中得以实现。因此,这种衰退检测为更经济地检测产品组件衰退提供了巨大的潜力。

6.4.1.3 其他面向系统输出的衰退检测

从图6-11中可以看出,对所考虑的系统功能,除了所需的期望输出状态之外,系统通常还会产生多个输出值。就此可以定义一个相应的无量纲衰退指标:

$$DI_{AO_0} = \frac{初始额外输出值}{当前额外输出值} \tag{6-10}$$

式中,DI_{AO_0}是额外面向输出的衰退指标。比如,对于自动引导车的驱动电动机,主要的额外输出就是热量。通常,温度传感器就是为了防止电动机过热。该传感器的数据信息也可以用于检测衰退。特别是,当能够获得某些额外数据信息时,例如,电动机当前的输出功率,就有可能检测到系统热量的变化原因,例如,这可能是由于轴承磨损所引起的额外摩擦热,因此可表明系统的运行性能下降。同样,也可将噪声和振动理解为额外输出。但是,由于它们与剩余使用寿命的预测密切相关,这将在单独的章节中对此进行讨论(详见第6.4.1.5节)。

6.4.1.4 辅助性介质衰退检测

诸如润滑油之类的辅助性介质,通常可以在大型重载自动引导车中找到,例如,在静压轴承中。这些轴承的磨损或损坏都会导致这些辅助性介质的性能恶化和效益损失。这里,可以定义一个无量纲的衰退指标:

$$DI_{AS_0} = \frac{辅助性介质的初始损失}{辅助性介质的当前损失} \tag{6-11}$$

式中，DI_{AS_0} 是面向辅助性介质的衰退指标。对于许多系统，例如，内燃机，辅助性介质的状况也可以用于衰退检测，例如，燃烧条件、润滑油退化。但是，此类分析仅适用于大型自动引导车，否则并非要采用辅助性物质。

6.4.1.5 面向噪声、振动和平顺性的衰退检测

"噪声、振动和平顺性"（Noise, Vibration and Harshness，NVH）这一概念描述了与系统的噪声和振动特性有关的现象。对此，可以定义一个无量纲的衰退指标：

$$DI_{NVH_0} = \frac{初始噪声,振动和平顺性水平}{当前噪声,振动和平顺性水平} \tag{6-12}$$

式中，DI_{NVH_0} 是面向噪声、振动和平顺性的衰退指标。噪声、振动和平顺性水平通常可以通过振动传感器进行测量。最近的研究调查表明，即使没有这种振动传感器，也有可能测量噪声、振动和平顺性指标。Rad 等人提出了一种算法，该算法可以使用电动机的电流信号，比如，铣床的主轴电动机，并应用时频分析以收集噪声、振动和平顺性数据。比如，对自动引导车的电动机也可以进行这种分析。特别是当电动机的电流传感器用于其他情况时，例如，用于控制目的。可以更一般性地得出结论，就诸如电动机之类的执行器而言，对其输入参数进行监控和分析，就可以检测衰退，例如，波动增加是因为噪声、振动和平顺性变化而造成的。另外，已有的传感器也可以用于此目的，这可以称为传感器的额外使用。例如，一个传感器的噪声指标升高，也可能表明附近零部件的噪声、振动和平顺性参数发生了不正常的变化。因此在将来，"作为传感器的执行器""传感器的额外使用"和传感器融合，都可用于确定噪声、振动和平顺性特征，在这个方向上进行深入的研究，其成果将非常有意义。

6.4.2 上级系统剩余使用寿命的预测

这里，系统层次结构的重要性已在第 1.5 节中给予了说明。通常，上级系统剩余使用寿命预测比较类似于确定复杂系统的可靠性。就系统的可靠性计算而言，它基于其各个组件的故障概率 λ 及其之间的逻辑连接特性，即必须考虑组件是否处于冗余状态。显然，还必须考虑这些组件之间的相互关系，即系统的各个接口，因为它们也会降低系统的可靠性以及剩余使用寿命。为了预测上级系统的剩余使用寿命，必须考虑其子系统和组件之间逻辑连接的性质，但是还有其他更为重要的方面。从理论上讲，所说的上级系统的剩余使用寿命，它不能大于其子系统或组件的最小剩余使用寿命，而这种下级剩余使用寿命是上级系统主要功能所必需的（在这种情况下，"必需"一词表示它并不是冗余元素，或者是仅对某些功能必需的元

素）。但是，在工业实践中，如果满足以下条件，则可以大大延长上级系统的剩余使用寿命。

- 能够维护子系统和组件，以增加它们各自的剩余使用寿命。
- 能够修复子系统和组件，以增加其各自的剩余使用寿命。
- 能够更换子系统和组件。

由此，对上级系统的剩余使用寿命，就形成了第一个主要见解：

当一个系统由多个子系统和组件组成时，确定这样一个复杂系统的剩余使用寿命，就需要考虑其各个子系统和组件维护、修复或更换的可能性。

此外，可以得出对上级系统剩余使用寿命的第一个估计：

如果无法通过技术措施和经济考虑来维护、修理或更换子系统或组件，则一个系统的剩余使用寿命不能大于为满足其基本功能，所需子系统或组件的最小剩余使用寿命。

这些因素都对上级系统剩余使用寿命产生了影响。因此，考虑尽可能减少子系统和组件的数量，这应该是很明智的做法。考虑到这一数量上的减少问题，我们可将子系统和组件进行分类（表6-1）。

表6-1 子系统和组件的类型

类别	说明
A类	对上级系统的主要功能起至关重要作用的子系统和组件，且无法通过技术手段和经济考虑进行维护、修理或更换
B类	可以通过技术手段和经济考虑进行维护、修理或更换的子系统和组件，但是这些维护、修理和更换的确会导致上级系统停止运行
C类	可以通过技术手段和经济考虑进行维护、修理或更换的子系统和组件，并且不需要上级系统停机，就能进行上述维护、修理和更换工作

根据所确定的整个系统重要性，一般可以选择决定只考虑 A 类，或者 A 类和 B 类中的子系统和组件。为了计算上级系统的剩余使用寿命，可采用 Ferri 等人提出的多构件系统处理流程（图6-13）。

最初，需要生成一个上级系统，及其子系统和组件的故障树。在第二步中，将该故障树转换为一个最小割集。这里，割集是子系统或组件故障的唯一组合，这些故障可能导致上级系统发生故障。如果从一个集合中删除任何一个基本事件，剩余的事件不再是一个割集时，则可以说实现一个最小割集。作为一个简化示例，图6-14 以两种表示形式再现了由两个自动引导车（AGV）和两个装卸系统（LUL）组成的一个自动化过程。

为了保证上级系统正常运行，即一个自动化的组装过程，要求至少有一个子系

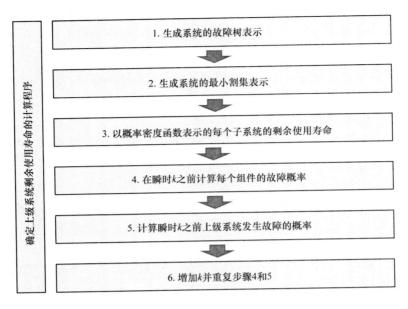

图 6-13　确定上级系统剩余使用寿命的过程

统（带有装卸系统的自动引导车）正常工作，并且在该系统内，自动引导车和装卸系统都必须正常工作。系统组成元素间的这种相互作用，可表达为故障树（图 6-14 左侧）和最小割集（图 6-14 右侧）。

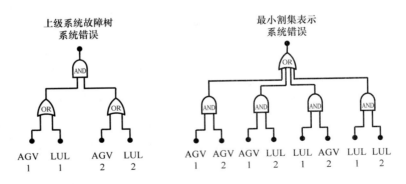

图 6-14　上级系统的故障树和最小割集表示

在第三步中，就需要对 A 类或 A 类和 B 类，收集其所有子系统或组件的剩余使用寿命估计值（请参见第 6.3.1 节），并以"概率密度函数"（PDF）的形式进行描述。现在，就可以计算每个子系统或组件在 k 瞬间之前发生故障的概率。基于最小割集描述，可用以下公式确定在 k 瞬间之前发生故障的每个割集的概率：

$$P(c_i) = \prod_{j=1}^{n} P(e_j) \qquad (6\text{-}13)$$

式中，$P(c_i)$ 表示第 i 个割集的概率，$P(e_i)$ 代表第 e_i 个基本事件的概率，n 表示第 i 个割集的基本事件的数量。

现在，可以使用另一个方程式，来计算顶级事件在 k 瞬间之前发生的概率（即上级系统发生故障的概率）：

$$P_T = 1 - \prod_{i=1}^{m} P(c_i) \qquad (6\text{-}14)$$

式中，P_T 表示顶级事件的概率，m 表示割集的数量。所谓发生顶级事件的概率，表示在至少一个割集发生故障的概率；在数值上，它等于 1 减去在无割集中发生故障的概率。随后，针对后续时刻重复执行步骤 4 和 5。从所提出的过程，就可推导出"累积分布函数"（CDF），该累函数表示上级系统随时间推移发生故障的可能性。

6.4.3 剩余使用寿命与容错之间的关系

本书的主题是容错，而本章的主题则是剩余使用寿命。读者可能会问，如果两者之间存在着某些联系，那么在容错系统的开发和操作中，就必须考虑这些相互关系。通过仔细的分析，就可以得出这样的见解，即要区分出这两种不同形式之间的关系（图 6-15）。

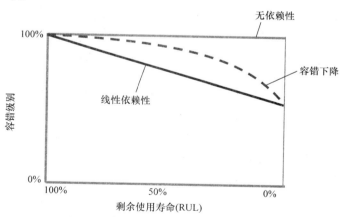

图 6-15　剩余使用寿命与容错之间的关系

对于某些系统和组件，在剩余使用寿命和容错之间，可能找不到任何依赖关系，即使系统已接近其"寿命终止"，此类系统和组件仍具备最初时的容错水平。这种系统行为对于完全没有容错能力的系统和组件也有效。而某些类型的系统或组件，容错能力可能会以线性或几乎线性的方式下降。

自动引导车的驱动电池可能就是一个典型的例子，如果是崭新的电池，则可以更轻松地应对轻微的过载，但如果接近寿命终止，则此能力将大幅度减小。而另一类系统或组件，其容错能力在长期运行中都保持大致相同，直到接近寿命终止时为止，但进入后期阶段后，其能力将急剧地降低（有关容错能力的后期降低，可见图6-15）。轴承就是这种系统行为的典型代表，如果它的接触表面一些坚硬表层已经部分受损，就更容易受到诸如过载等故障的影响。因此，工程师必须考虑剩余使用寿命和容错不一定相关的事实，以确保即使在接近寿命终止时，系统仍具有较高的容错水平，以满足系统的核心性要求。

到目前为止，本节已经尝试回答了以下问题，即系统的剩余使用寿命是否会对系统的容错产生影响？由此得到的见解是，可能会产生影响，并且可以区分出各种不同的情况。当然，可能还会问另一个问题：容错能力的增加是否还会导致一个系统的剩余使用寿命的增加？可以很容易地举出几个例子来证实，这显然也是可能的。显然，系统组件冗余是容错的一个重要因素。特别是关键性组件的冗余可以延长上级系统的剩余使用寿命。另外，虚拟传感器（也可以是容错系统的一部分）通常不会出现衰老，因此也可以延长剩余使用寿命。观察其他子系统或组件的选项，如果它们可以提高系统容错能力，也可能会得出类似的结论，例如，"功能多样性""物理多样性""过度激活"和"固有容错系统配置"（可比较第2.4节）。因此，这可形成后续见解：通常来讲，旨在提高系统容错性的措施，也会对系统的剩余使用寿命产生积极影响。

具有主动容错控制的系统配备有"故障检测和识别"（FDI）功能。具有这种功能的系统依赖于系统的某些监控参数，这些参数可用于基于早期检测的维护。这种检测在事先计划的系统停机时间内进行，从而导致上级系统的剩余使用寿命延长。这就形成了另一种看法，即剩余使用寿命的预测方法：提高系统容错能力的措施，通常还是一种支持在线预测剩余使用寿命的方法。

此外，系统设计人员需要意识到，有时会过于滥用系统的容错能力，以延长系统的运行时间。例如，系统操作员可能继续使用一个系统，而其中某些冗余组件却已经失效了。很显然，该系统的容错性甚至安全性可能会下降。所以重要的是要提醒操作员此类不良事件。而某些操作策略，例如，降低系统性能的紧急操作方案，是要让操作员引起注意，以便系统能恢复到其原始配置状态。

本节重点介绍了剩余使用寿命的预测方法。接下来的两个部分将具体讨论自动引导车充电电池剩余使用寿命的预测。其中，状态估计是一个中间步骤，下面也将对此进行讨论。

6.5 电池状态估计

对电池状态的估计，可以从式（6-5）和式（6-6）所描述的电池模型开始。本节旨在说明一种创新型的估算工具，用于估算其充电状态。

从有些科学文献（详见参考文献）可查阅到，经常使用"扩展卡尔曼滤波器"（EKF）解决这一问题。这种选择可能是由于式（6-6）的非线性引起的。尽管此方法具有某些明显的优点，但它继承了其不可避免的缺点，即在某些情况下可能会迅速发散。为了解决这个问题，本节提出了一种创新型的估算方法，并认真地验证了其收敛性。

作为基于以下事实的一个理想的起点：式（6-6）可以改写为以下形式：

$$y_1 = Cx_k + Du_k + h(x_{1,k}) \tag{6-15}$$

式中，$C = [0,1,1]$，$D = R_0$，$h(x_{1,k}) = V_{OCV}(\cdot)$。在下一步中，对应于测量和过程噪声和/或干扰的方式，对此公式进行扩展，并描述为

$$x_{k+1} = Ax_k + Bu_k + W_1 w_k \tag{6-16}$$

$$y_1 = Cx_k + Du_k + h(x_{1,k}) + W_2 v_k \tag{6-17}$$

式中，$w_k = \mathbb{R}^{n_w}$ 和 $v_k = \mathbb{R}$ 分别是过程和输出噪声或干扰。基于此就可以提出一个创新型估计方法的内容构成：

$$\hat{x}_{k+1} = A\hat{x}_k + Bu_k + K(y_k - C\hat{x}_k - Du_k - h(\hat{x}_{1,k})) \tag{6-18}$$

式中，$\hat{x}_k$ 是状态估计，K 是估计器增益矩阵。为了更深入地分析这一现象，可将状态估计误差定义为

$$e_{k+1} = x_{k+1} - \hat{x}_{k+1} \tag{6-19}$$

通过将式（6-16）和式（6-18）代入式（6-19），可以得到以下等式：

$$e_{k+1} = Ae_k + W_1 w_k - K(Ce_k + h(x_{1,k}) - h(\hat{x}_{1,k}) + W_2 v_k) \tag{6-20}$$

在这里显而易见的是，以前的非线性导致了要证明的估计误差是收敛的，这是其主要的挑战：

$$h(x_{1,k}) - h(\hat{x}_{1,k}) \tag{6-21}$$

解决该问题的一种可能性就是进行线性化。一般当采用扩展卡尔曼滤波器时会这样做。但是，这是导致扩展卡尔曼滤波器误差可能性的关键因素。但可以通过定义后续功能，来避免这种情况：

$$\gamma(x_k, \hat{x}_k) = \begin{cases} \dfrac{h(x_{1,k}) - h(\hat{x}_{1,k})}{x_k - \hat{x}_k} & x_k \neq \hat{x}_k \\ 0 & \text{其他} \end{cases} \tag{6-22}$$

对于此函数，可以将式（6-20）简单表达为

$$e_{k+1} = Ae_k + W_1 w_k - K(Ce_k + \gamma(x_k, \hat{x}_k)e_k + W_2 v_k) \tag{6-23}$$

- 充电状态（SOC）在 $0 < x_{1,k} < 1$ 的范围内。
- 连接充电状态和 V_{OCT} 的函数 $h(\cdot)$ 为正，且单调。

在这种情况下，强制对 $\gamma(x_k, \hat{x}_k)$ 进行以下限制：

$$0 < \gamma(x_k, \hat{x}_k) < \bar{\gamma} \tag{6-24}$$

在这些范围内，$\bar{\gamma} > 0$ 表示取决于 $h(\cdot)$ 形状的常数。该常数可以以下列形式

改写式（6-22）：
$$\gamma(x_k, \hat{x}_k) = \beta \bar{\gamma}, \quad \beta \in (0,1) \tag{6-25}$$

因此，式（6-23）可以简化为
$$e_{k+1} = (A - K\bar{C}(\beta))e_k + W_1 w_k - KW_2 v_k \tag{6-26}$$

式中，$\bar{C}(\beta) = [\bar{\gamma}\beta, 1, 1]$。该方程可以用下面简短的形式表示：
$$e_{k+1} = X(\beta)e_k + Zz_k \tag{6-27}$$

式中，$z_k = [w_k^T, v_k^T]^T$，并且
$$X(\beta) = A - K\bar{C}(\beta), Z = \bar{W}_1 - K\bar{W}_2, \bar{W}_1 = W_1[I_{n_w} 0_{n_w \times 1}], \bar{W}_2 = W_2[0_{1 \times n_w} 1]$$
$$\tag{6-28}$$

由此得出式（6-27），这是一个带有输入 $z(k)$ 的强制性动态系统。但不幸的是，这种性质却排除了直接使用李雅普诺夫理论，进行其收敛性分析的可能性。为了解决这个问题，可以使用二次有界方法，该方法已经成功地应用于估算和预测方案中。

为了进一步分析，可以得出以下结论：噪声/干扰矢量 z_k 有界。
$$z_1 \in \mathbb{E}_z, \quad \mathbb{E}_z = \{z: z^T Qz \leq 1\}, \quad Q > 0 \tag{6-29}$$

这种假设可以引入二次有界范式，下面的定义 1 可以适用于这种系统。对于该系统，李雅普诺夫函数定义为 $V_l = e_l^T P e_l, P > 0$。

定义 1 对于所有的 $z \in \mathbb{E}_z$，系统式（6-27）严格地平方有界，如果 $V_1 > 1$，表示对于任何 $z \in \mathbb{E}_z$，都有 $V_{k+1} < V_1$。

应当指出，式（6-27）的严格二次有界性保证了当 $V_1 > 1$ 时，对于任何 $z \in \mathbb{E}_z$，都有 $V_{k+1} < V_1$。基于这种假设和定义，能够通过随后的定理，给出本节的主要结果。

定理 6.1 对于所有 E_k 和所有的 $\bar{w}_k \in \varepsilon_w$，如果存在 z，$P > 0$ 和 $0 < \alpha < 1$，则系统式（4-45）严格地平方有界，从而可以满足以下条件：如果 $\alpha \in (0,1)$，$P > 0$ 和 N 存在，则对于所有 $\beta \in (0,1)$ 都满足下一个不等式，估计器式（6-18）二次有界收敛：

$$\begin{bmatrix} -P - \alpha P & 0 & A^T P - (\bar{C})(\beta)^T N^T \\ 0 & -\alpha Q & \bar{W}_1^T P - \bar{W}_2^T N^T \\ PA - N(\bar{C})(\beta) & P\bar{W}_1 - N\bar{W}_2 & -P \end{bmatrix} < 0 \tag{6-30}$$

验证：如果 $P > 0$ 和标量 $\alpha \in (0,1)$ 满足以下条件，则可使用定义 1 的证明式（6-27）严格地平方有界：

$$\begin{bmatrix} X(\beta)^T PX(\beta) - P + \alpha P & X(\beta)^T PZ \\ Z^T PX(\beta) & Z^T PZ - \alpha Q \end{bmatrix} < 0 \tag{6-31}$$

并且是对于所有 $\beta \in (0,1)$。因此，通过将舒尔补矩阵（即从较大矩阵分割出几

个子矩阵，计算出的矩阵）应用于式（6-31），然后将其平方乘以对角线矩阵(I, I, P)，并将

$$N = PK \tag{6-32}$$

代入式（6-30），从而证明完成。

但是，对于任何一个$\beta \in (0,1)$，都不可能直接求解式（6-30）。不过，考虑到$\overline{C}(\beta)$相对于$\beta \in (0,1)$的线性，可以定义两个常数β_1和β_2，它们要足够接近0或1。这意味着，这两个常数应满足条件$\beta_1 > 0$和$\beta_2 < 1$。因此，不再需求解式（6-30），只需求解

$$\begin{bmatrix} -P - \alpha P & 0 & A^T P - (\overline{C})(\beta_i)^T N^T \\ 0 & -\alpha Q & \overline{W}_1^T P - \overline{W}_2^T N^T \\ PA - N(\overline{C})(\beta_i) & P\overline{W}_1 - N\overline{W}_2 & -P \end{bmatrix} < 0, \quad i = 1, 2 \tag{6-33}$$

总之，这一创新型估算器的设计过程，可以通过以下步骤实现：

离线（Off – line）
步骤1：求得上限$\overline{\gamma}$。
步骤2：在式（6-29）中选择边界矩阵$Q > 0$。
步骤3：选择$\alpha \in (0,1)$。
步骤4：求解线性矩阵不等式（6-33），获得增益矩阵$K = P^{-1}N$。
在线（On – line）
步骤5：设$\hat{x}_0$和$l = 0$。
步骤6：根据式（6-18），求得状态估计$\hat{x}_{k+1}$。
步骤7：设$l = l + 1$返回步骤2。

可以使用$\alpha \in (0,1)$来控制估计量的收敛速度，这是比较有益的做法，即，所选择的α越大，收敛速度越快；这个事实已经在某些文献中得以验证。因此，式（6-33）应同时迭代性修改$\alpha \in (0,1)$。

根据先前的阐述，可以生成状态估计$\hat{x}_k$，尤其是$\hat{x}_{1,k}$，它是电池当前充电状态的估计值。因此，预测电池的未来性能，这一任务将是下一部分的重点。

6.6 剩余使用寿命的预测

如在本章中所述，就一个自动引导车驱动电池而言，其充电状态是其健康意识性能的主要指标。这是因为要求两个自动引导车的电池，应能够承担一个生产日（两班倒制）的操作工作。所以，共有两种替代方案：更换电池或为电池充电，这都不具备技术简单性和应有的经济效益。因此，以下将详细论述如何开发剩余充电

状态的可靠预测器。

考虑到式（6-16）描述是线性的，可用一个简单明了的概念对该描述进行建模：

$$x_{1,l,i} = a_i l\Delta T + b_i, \quad i = 1, 2 \quad (6-34)$$

式中，a_i 和 b_i 是未知参数，考虑到无法获得实际充电状态的事实，这两个参数构造了在第 i 辆自动引导车，其充电时间 $l\Delta t$ 与充电状态 $x_{1,l}$ 之间的关系。可以使用以下方程式，来替换先前的公式：

$$\hat{x}_{1,l,i} = a_i l\Delta T + b_i, \quad i = 1, 2 \quad (6-35)$$

式中，$\hat{x}_{1,l,i}$ 是对充电状态的估计，这可以使用创新型的估计器获得，这已在第 6.5 节中介绍了。为了解决 a_i 和 b_i 的估计问题，可以应用已知的最小二乘递归算法：

$$\hat{p}_{l,i} = \hat{p}_{l-1,i} + K_{l,i}(\hat{x}_{1,l,i} - r_{l,i}^T \hat{p}_{l-1,i}) \quad (6-36)$$

$$K_{l,i} = P_{l-1,i} r_{l,i} (1 + r_{l,i}^T P_{l-1,i} r_{l,i})^{-1} \quad (6-37)$$

$$P_{l,i} = [I_2 - K_{l,i} r_{l,i}^T] P_{l-1,i} \quad (6-38)$$

其中，参数估计向量及其回归变量的定义如下：

$$\hat{p}_{l,i} = [\hat{a}_{l,i}, \hat{d}_{l,i}]^T \quad (6-39)$$

$$r_{l,i} = [l\Delta T, 1]^T \quad (6-40)$$

总而言之，为了获得 a_i 和 b_i，可以应用后续算法。

算法 1：估计算法

- 设 $\hat{p}_{0,i} = [0,1]^T$，$P_{0,1} = \delta I_2$，并且 $l = 0$，其中 $\delta > 0$ 是足够大的正常数。
- 使用式（6-36）~式（6-38）求得参数估计。
- 设 $l = l+1$ 并返回到步骤 2。

作为式（6-35）的结果，其初始估计 $\hat{p}_{0,i} = [\hat{a}_{0,i}, \hat{d}_{0,i}]^T = [0,1]^T$，显然，它与自动引导车电池的充电状态（SOC）相等。实际上，可以得出这样的结论：在这些自动引导车开始运行时，其电池已完全充满电。

总而言之，通过将估算充电状态的算法（在第 6.5 节中介绍）与描述估算未知参数式（6-35）的算法相结合，就可以生成后续的充电状态预测器：

$$\bar{x}_{1,l_x,i} = \hat{a}_{i,l} l_x \Delta T + \hat{d}_{i,l}, \quad i = 1, 2 \quad (6-41)$$

在此预测变量中，l_x 是基于直到 l 生成的参数所预测的离散时间。这意味着 $l_x \geq 1$。

下一节将评估充电状态和预测策略的性能。

6.7 性能评估

如今，在工业生产环境中，采用铅酸电池作为自动引导车的驱动能源仍然很普遍，这可能是因为在成本费用方面，仍然具有一定的经济优势。然而，铅酸电池的单位重量和单位体积的电能容量都比较低,并且需要较长的充电时间。就本章所述的自动引导车运作,采用锂离子电池技术是合适的。而且这种电池还可采用一种特殊的锂离子技术,例如,锂镍锰钴氧化物技术(Li-NMC),该技术也可用于电动自行车和汽车。其主要优势在于高能量密度和较小的自身热量。电池电压介于3.6V和3.7V之间。电池组可提供25.2V的标定电压,并具有200A的标定电流。

评估的第一步,就是要确定描述电池所需的有关参数:$Q_{nom} = 200\text{A} \cdot \text{h}$,$R_{CT} = 0.05\Omega$,$C_{CT} = 0.1922\text{F}$,$R_{Dif} = 0.0126\Omega$,$R_{Dif} = 0.8213\text{F}$,$R_0 = 0.05\Omega$,$\Delta t = 0.1\text{s}$。

基于这些参数,还需要确定电池组的功能$h(\cdot)$。为此,可以采用参考文献中提出的一般性方法,以及相合适的多项式回归函数。函数$h(\cdot)$在图6-16中示出。

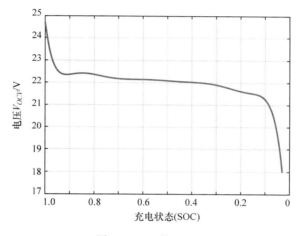

图6-16 函数$h(\cdot)$

图6-17给出了函数$\gamma(\cdot)$。

基于此初步信息,可以启动前面所叙述的离线阶段算法(如第6.5节所述)。实际上,很容易找到$\gamma(\cdot)$的上限,$\gamma(\cdot)$的上限等于$\gamma(\cdot)=45$。以下措施就是选择$Q>0$的矩阵,该矩阵对w_k和v_k的边界椭圆进行了整形。如果再考虑到测量单元的量化误差,以及在电池内部,容量和/或电阻的可能变化,可选择$Q=100 I_{nw+1}$。下面的测量是选择参数$\alpha \in (0,1)$,该参数使估计量可以收敛。如果选择最大可能值$\alpha = 0.99$,并且通过求解线性矩阵不等式(6-33),可以获得估算器增益矩阵$K = [0.0225, 0.001, 0.0011]^T$。

基于先前的参数,而将初始估计值设置为$\hat{x}_0 = [0.75, 0.0]^T$。该模拟重现了自动引导车的常规操作,它包含驱动阶段和停止阶段,但还没有额外的负载。为了避免对实际充电状态的预测错误,没有进行其他充电或放电操作。调查结果如图6-18所示。在这次调查中,初始实际充电状态处于0.7的水平,特意选择$\hat{x}_{1,0} =$

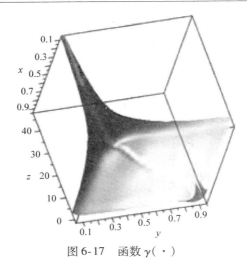

图 6-17 函数 $\gamma(\cdot)$

0.75，以说明拟议估算器的收敛性。

图 6-18 显示了实际充电状态，及其在初始阶段的变化。图 6-19 显示了在更长的时间后的充电状态行为。

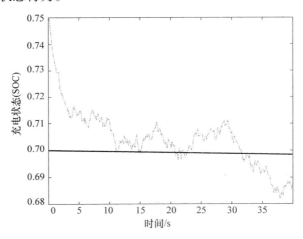

图 6-18 实际充电状态及其估算值，初始估算阶段（实线：实际值；点画线：估算值）

两者的结果如图 6-18 和图 6-19 所示。两者都清楚地表明，估算的充电状态趋近于实际的充电状态。

根据第 6.6 节中提出的方法，这些结果可以作为一个建议性的说明，作为预测充电状态的估算器。在这种情况下，创建了一个自动引导车的典型工作序列，该过程包含两个可选阶段，即 2min 带有负载的运输活动和 2min 无负载的空车运动。在运输阶段，平均电流通常会增加，其中约 47% 是由于负载原因。

每隔 7.5min，测量来自 l 的充电状态，这表明式（6-41）中的 l_x 设置为 $l_x =$

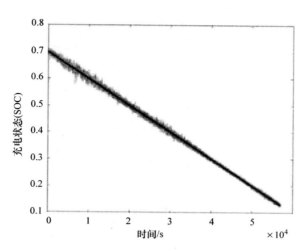

图 6-19　实际充电状态及其估算值变化（黑色：实际值；浅色：估算值）

$l+4500$。预测结果与实际值都表现在图 6-20 中。

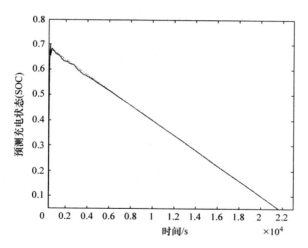

图 6-20　充电状态及其预测值（实线：实际值；点画线：预测值）

在此结果中，可以清楚地看到初始充电状态值的不确定性，这里设置为 0.85 而不是实际值 0.8，否则会导致初始阶段出现较大的预测误差。在图 6-18 中，也可以观察到相同的状态行为。在过渡阶段之后，预测质量性能得到了显着提高。根据这一结果，我们建议在两个自动引导车中，应用前面已开发的充电状态估计或预测方案；这一点将在本章的下一部分中阐明。

6.8 装配系统的健康意识模型预测控制

在早期的科学研究活动中,已经开发了一种基于模型的预测式容错控制的策略(参见第 5 章)。该策略已扩展和应用到并行式系统,这已在文献中进行了详细描述。而本节主要描述在健康意识模型中,对其预测组件进行扩展。

前面已经提到过,为了评估自动引导车驱动电池的可用运行潜力,必须同时考虑其充电和健康状态,同时,对自动引导车操作的计划和控制,也存在着一个很大的挑战。在本节的以下部分中,我们提出了第二个定义,该定义允许将这两个方面联系起来。

定义 2 电池的健康状态是从满充电状态等于 1 到零充电状态的循环次数 k_f。

图 6-21 说明了此定义,在图中,k_{f1} 表示第一辆自动引导车驱动电池的可用循环数,而 k_{f2} 表示其剩余的循环数。

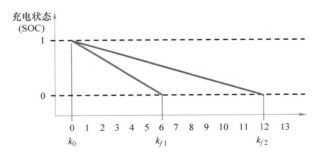

图 6-21 电池健康状态示意图

在图 6-21 中可以清楚地看到,第一辆自动引导车的健康状况明显低于第二辆。根据充电状态预测方程式 (6-41),通过代入 $l_x\Delta t = k_{f,i}(f_i(k_0) + b_i(k_0) + l\Delta t)$,将可循环数 $k_{f,i}$ 置为 0,可以推导出以下公式:

$$0 = \hat{a}_{i,l}(k_{f,i}(f_i(k_0) + b_i(k_0) + l\Delta t) + \hat{d}_{i,l} \quad (6-42)$$

重要的是要注意,向前和向后驱动时间 $f_i(k_0) + b_i(k_0)$ 之和可用于预测,即,假设执行所描述的预测都是恒定的,即,对于 $k = k_0, \cdots, k_0 + N_p$,$f_i(k) + b_i(k) = f_i(k_0) + b_i(k_0)$。可以使用以下公式,估算第 i 辆自动引导车的前续和后续循环总数:

$$k_{f,i} = \left| -\frac{\hat{a}_{i,l}l\Delta t + \hat{d}_{i,l}}{\hat{a}_i(f_i(k_0) + b_i(k_0))} \right| \quad (6-43)$$

式中,将结果值舍去小数点后面部分,成为最小的正整数。

因此,对于给定的 k_0,剩余的循环数等于

$$k_{r,i} = k_{f,1} - k_0 \quad (6-44)$$

基于这些考虑,可以制定这两个自动引导车各自的健康意识成本函数。对于第一辆自动引导车,形式为

$$J_{h,1} = (f_1(k_0) + b_1(k_0))k_{r,1} - (f_1(k_0) + b_1(k_0))\sum_{k=k_0}^{k_0+N_p}(1-z(k)) \quad (6-45)$$

在此函数中$(f_1(k_0) + b_1(k_0))k_{r,1}$表示第一辆自动引导车的总运行时间,而$(f_1(k_0) + b_1(k_0))\sum_{k=k_0}^{N_p}(1-z(k))$代表其已消耗尽的部分。

对于第二辆自动引导车,此函数为

$$J_{h,2} = (f_2(k_0) + b_2(k_0))k_{r,2} - (f_2(k_0) + b_2(k_0))\sum_{k=k_0}^{k_0+N_p}z(k) \quad (6-46)$$

可以使用以下公式,将两个自动引导车的成本函数,加到总的健康意识成本函数中:

$$J_h = J_{h,1} + J_{h,2} \quad (6-47)$$

而该成本函数必须最大化。

最后一步,是将来自传统模型预测控制的成本函数与J_h合并,就可以得到以下公式:

$$J = (1-\kappa)J_y + \kappa J_h \quad (6-48)$$

式中,$0 \leq \kappa \leq 1$。

在此总成本函数中,变量$\kappa = 0$表示了充电状态的重要性。如果$\kappa = 0$,则成本函数不考虑充电状态和电池的健康状态。相反,如果$\kappa = 1$,则充电状态和健康状态是唯一重要的优化因素。因此,控制工程师需要通过适当选择κ,在这两种情况之间找到最佳平衡。

总而言之,这两个并行的算法构成了对健康意识,提出了相应的控制策略。第一种算法可以估算$\hat{a}_{i,l}$和$\hat{d}_{i,l}$的当前值。第二种算法与先验预测控制有关,可以用以下形式说明。

算法2:预测控制算法

步骤0:设$N_p > 0$,$\kappa \in [0,1]$,$x(0)$,$k=0$。

步骤1:置$k_0 = k$,并根据式(6-43)计算$k_{f,1}$和$k_{f,2}$。

步骤2:求解混合整数线性规划问题:

$$(y^*(k_0), \cdots y^*(k_0+N_p)) = \arg\max_{\substack{x(k_0),\cdots,x(k_0+N_p) \\ y(k_0),\cdots,y(k_0+N_p) \\ z(k_0),\cdots,z(k_0+N_p)}} J \quad (6-49)$$

同时使用式(6-37)中列出的给定约束。

步骤3:将$y(k) = y^*(k_0)$和$z(k_0)$应用于协作式的自动引导车系统,确定自动引导车为第k个事件计数器中执行的运输任务。

步骤4：设置 $k = k+1$，并返回步骤1。

6.9 验证和实验结果

本节的主要目的是验证上面所提出方法所能达到的性能。为了实现此目标，以三种不同的方案进行了评估工作。

方案1：描述了一个没有健康意识特征（$\kappa = 0$）的预测控制。

方案2：描述了一个具有健康意识功能的预测性控制。在这种情况下，两个自动引导车的电池都是相同的充电状态。加权因子为 $\kappa = 0.5$。

方案3：描述了一个具有健康意识功能的预测性控制，第一辆自动引导车的充电状态小于第二辆自动引导车的充电状态；加权因子为 $\kappa = 0.5$。

在所有三种方案中，均采用初始条件 $x(0) = 0$，有关调度 $t_{ref}(k)$ 的约束，由以下后续序列形成：

$$10, 13, 15, 18, 21, 23, 26, 29, 31, 34, 37, 39\cdots \quad (6\text{-}50)$$

这一先前序列在构成上有意识地表现为不规则性，通过这种方式可以避免在两个相互协作的自动引导车之间复杂的切换。针对方案1，可获得满足式（6-50）条件的 $y(k)$ 和 $x_3(k)$ 最佳顺序（图6-22）。

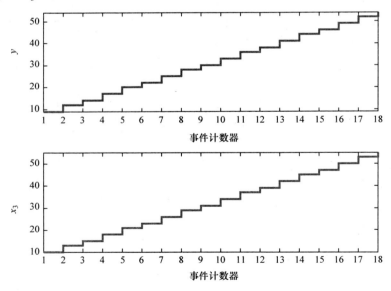

图6-22 方案1：$y(k)$ 和 $x_3(k)$ 的最佳顺序

在这种情况下，这两个自动引导车的活动在操作时间段内将会相对分散（图6-23）。

但是，一个比式（6-50）更简单的时间安排，可能会导致操作活动丧失平衡，

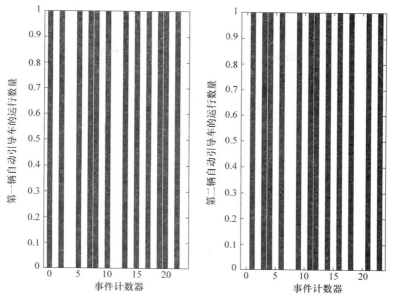

图 6-23　方案 1 和方案 2：自动引导车活动

并且可能只使用其中一辆自动引导车。这可能会导致该自动引导车的电池容量完全耗尽，而同时，另一辆自动引导车的电池可能仍处于充满状态。这就需要采用一些改进方法，以避免这种情况。

作为一个中间步骤，方案 2 中设置了健康意识功能，但在此方案中，剩余循环 $k_{f,i}$ 表示相同的健康状态。重要的是要注意，对于所有这三种情况，都会生成完全相同的最优化的 $y(k)$ 和由此得到的 $x_3(k)$（比较图 6-22）。可以通过不同的自动引导车使用方式，找到这三种方案之间的区别。在方案 2 中，两个自动引导车的操作都与方案 1 完全相同，因此，这也可以在图 6-23 中观察到。为了进行更详细的讨论，图 6-24 说明了方案 2 中的 $k_{f,i}$ 演变。

在方案 2 的情况下，很明显这两者都相应减少。在方案 3 中行为有所不同，只是因为其中一个自动引导车电池处理的 $k_{f,i}$ 较小。自动引导车的操作活动如图 6-25 所示。

还有，为便于进行更详细的讨论，方案 3 中 $k_{f,i}$ 的演变如图 6-26 所示。

我们所开发的算法，其积极性的效果显而易见，自动引导车之间的交替行为几乎消失。在这里，第二辆自动引导车进行了较多的操作工作，而第一辆仅在有必要满足所需的时间表时，才进入工作状态。很明显，所开发的算法可以均衡和协调自动引导车的工作，这种系统行为就可以显著地增强系统的协作性能。这里要重点指出，所开发的算法可以确保找到一个最佳的工作序列。但请注意，运输和处理时间被覆盖而简化了。

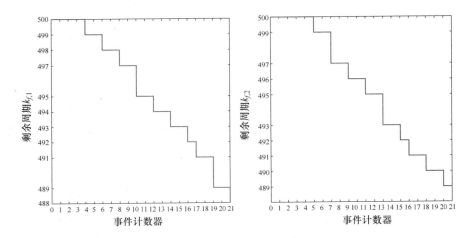

图 6-24　方案 2：$k_{f,i}$ 的演变

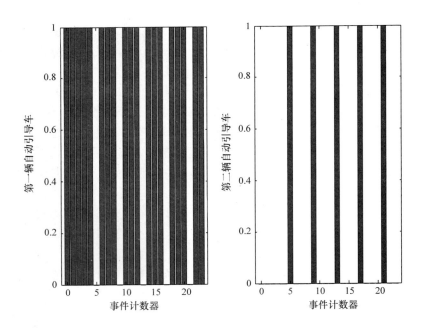

图 6-25　方案 3：自动引导车的操作活动

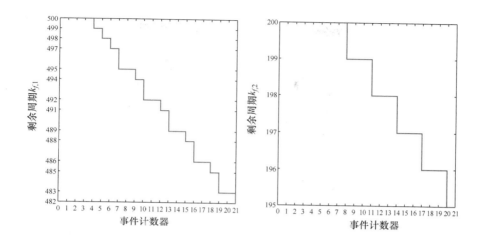

图 6-26　方案 3：$k_{f,i}$ 的演变

6.10　结论

在生产型企业中，灵活的制造和装配系统已成为其运营成功的一个关键因素，这是因为，在竞争激烈的工业领域，系统敏捷的反应能力是必需的。在当前的汽车工业中尤其如此，其特点就是产品向自动驾驶和电驱动的转型过渡。在汽车工业的物流流程中，自动引导车具有出色的使用潜力和灵活性，而且性能也很出色。但是，只有依据可靠的控制系统，并且在复杂的情况下，可以忍受某些不可避免的错误和故障，自动引导车才能充分发挥它们的优势。

本章的主要贡献，就是建立这种系统的健康预测控制模型的框架。在计划和控制冗余性的自动引导车操作行为时，这一框架考虑了其驱动电池的健康状况和剩余使用寿命问题。这一框架将使制造或组装系统中操作时间的安排变得更加灵活和宽松，或者可均衡自动引导车驱动电池的剩余使用寿命。在本章中，一个座椅装配车间示例就显示和说明了该框架的应用潜力。到目前为止，我们尚未考虑充电的可能性。这可能是进一步要研究的方向。

参 考 文 献

1. Adams, D.: Health Monitoring of Structural Materials and Components: Methods with Applications. Wiley-Interscience, New Jersey (2007)
2. Alessandri, A., Baglietto, M., Battistelli, G.: Design of state estimators for uncertain linear systems using quadratic boundedness. Automatica **42**(3), 497–502 (2006)
3. Amstadter, B.L.: Reliability Mathematics: Fundamentals, Practices. Procedures. McGraw-Hill, New York (1977)
4. Andre, D., Appel, C., Soczka-Guth, T., Sauer, D.U.: Advanced mathematical methods of soc and soh estimation for lithium-ion batteries. J. Power Sour. **224**, 20–27 (2013)
5. Baccelli, F., Cohen, G., Olsder, G.J., Quadrat, J.P.: Synchronization and linearity: an algebra for discrete event systems. J. Oper. Res. Soc. **45**, 118–119 (1994)
6. Barre, A., Deguilhem, B., Grolleau, S., Gerad, M., Suard, F., Riu, D.: A review on lithium-ion battery ageing mechanisms and estimations for automotive applications. J. Power Sour. **241**, 680–689 (2013)
7. Berecibar, M., Gandiaga, I., Villarreal, I., Omar, N., Van Mierlo, J., Van den Bossche, P.: Critical review of state of health estimation methods of li-ion batteries for real applications. Renew. Sustain. Energy Rev. **56**, 572–587 (2016)
8. Butkovic, P.: Max-Linear Systems: Theory and Algorithms. Springer, Berlin (2010)
9. Chen, Z., Cao, M., Mao, Z.: Remaining useful life estimation of aircraft engines using a modified similarity and supporting vector machine (svm) approach. Energies **11**(1), (2018)
10. Dabrowska, A., Stetter, R., Sasmito, H., Kleinmann, S.: Extended kalman filter algorithm for advanced diagnosis of positive displacement pumps. In: Proceedings of the 8th SAFEPROCESS: IFAC International Symposium on Fault Detection, Supervision and Safety for Technical Processes, 29th to 31st August 2012. Mexico City, Mexico (2012)
11. Ding, B.: Constrained robust model predictive control via parameter-dependent dynamic output feedback. Automatica **46**(9), 1517–1523 (2010)
12. Ding, B.: Dynamic output feedback predictive control for nonlinear systems represented by a Takagi-Sugeno model. IEEE Trans. Fuzzy Syst. **19**(5), 831–843 (2011)
13. Dong, M., He, D.: A segmental hidden semi-markov model (hsmm)-based diagnostics and prognostics framework and methodology. Mech. Syst. Signal Process. **21**, 2248–2266 (2007)
14. Farrar, C.R., Worden, K.: An introduction to structural health monitoring. Philos. Trans. R. Soc. (Math., Phys. Eng. Sci.) **365**(1), 303–315 (2007)
15. Ferri, F.A.S., Rodrigues, L.R., Gomes, J.P.P., Medeiros, I.P., Galvao, R.K.H., Nascimento Jr C.L.: Combining phm information and system architecture to support aircraft maintenance planning. In: Proceedings of the IEEE International Systems Conference, Orlando, USA (2013)
16. Goebel, K., Saha, B., Saxena, A., Celaya, J.R., Christophersen, J.: Prognostics in battery health management. IEEE Instrum. Meas. Mag. **11**(4), 33–40 (2008)
17. He, W., Willard, N., Osterman, M., Pecht, M.: Prognostics of lithium-ion batteries based on dempstershafer theory and the bayesian monte carlo method. J. Power Sour. **196**, 10314–10321 (2011)
18. Heng, A., Zhang, S., Tan, A.C.C., Mathew, J.: Rotatin gmachinery prognostics: state of the art, challenges and opportunities. Mech. Syst. Signal Process. **23**, 724–739 (2009)
19. Holder, K., Zech, A., Ramsaier, M., Stetter, R., Niedermeier, H.-P., Rudolph, S., Till, M.: Model-based requirements management in gear systems design based on graph-based design languages. Appl. Sci. **7**, (2017)
20. Hu, C., Youn, B.D., Chung, J.: A multiscale framework with extended kalman filter for lithium-ion battery soc and capacity estimation. Appl. Energy **92**, 694–704 (2012)
21. Hua, Y., Cordoba-Arenas, A., Warner, N., Rizzoni, G.: A multi time-scale state-of-charge and state-of-health estimation framework using nonlinear predictive filter for lithium-ion battery pack with passive balance control. J. Power Sour. **280**, 293–312 (2015)
22. Huang, R., Xi, L., Li, X., Liu, C.R., Qiu, H., Lee, J.: Residual life predictions for ball bearings based on self-organizing map and back propagation neural network methods. Mech. Syst. Signal Process. **21**, 193–207 (2007)

23. Isermann, R.: Fault Diagnosis Systems. An Introduction from Fault Detection to Fault Tolerance. Springer, New York (2006)
24. Kan, M.S., Tan, A.C.C., Mathew, J.: A review on prognostic techniques for non-stationary and non-linear rotating systems. Mech. Syst. Signal Process. **62–63**, 1–20 (2015)
25. Kececioglu, D.: Reliability Engineering Handbook, vol. 2. Wiley-Interscience, New Jersey (2002)
26. Khorasgani, H., Biswas, G., Sankararaman, S.: Methodologies for system-level remaining useful life prediction. Reliab. Eng. Syst. Saf. **154**, 8–18 (2016)
27. Klass, V., Behm, M., Lindbergh, G.: A support vector machine-based state-of-health estimation method for lithium-ion batteries under electric vehicle operation. J. Power Sour. **270**, 262–272 (2014)
28. Klutke, G.-A., Kiessler, P.C., Wortman, M.A.: A critical look at the bathtub curve. IEEE Trans. Reliab. **52**(1), 125–129 (2003)
29. Kodagoda, K.R.S., Wijesoma, W.S., Teoh, E.K.: Fuzzy speed and steering control of an agv. IEEE Trans. Control. Syst. Technol. **10**(1), 112–120 (2002)
30. Lee, J., Wu, F., Zhao, W., Ghaffari, M., Liao, L., Siegel, D.: Prognostics and health management design for rotary machinery systems - reviews, methodology and applications. Mech. Syst. Signal Process. **42**, 314–334 (2014)
31. Lei, Y., Li, N., Guo, L., Li, N., Yan, T., Lin, J.: Machinery health prognostics: a systematic review from data acquisition to rul prediction. Mech. Syst. Signal Process. **104**, 799–834 (2018)
32. Li, N., Lei, Y., Liu, Z., Lin, J.: A particle filtering-based approach for remaining useful life predication of rolling element bearings. In: 2014 International Conference on Prognostics and Health Management, pp. 1–8 (2014)
33. Liao, L., Koetting, F.: Review of hybrid prognostics approaches for remaining useful life prediction of engineered systems, and an application to battery life prediction. IEEE Trans. Reliab. **63**(1), 191–207 (2014)
34. Majdzik, P., Akielaszek-Witczak, A., Seybold, L., Stetter, R., Mrugalska, B.: A fault-tolerant approach to the control of a battery assembly system. Control Eng. Pract. **55**, 139–148 (2016)
35. Mosallam, A., Medjaher, K., Zerhouni, N.: Data-driven prognostic method based on bayesian approaches for direct remaining useful life prediction. J. Intell. Manuf. **27**(5), 1037–1048 (2016). Oct
36. Mrugalska, B.: A bounded-error approach to actuator fault diagnosis and remaining useful life prognosis of takagi-sugeno fuzzy systems. ISA Trans. **80**, 257–266 (2018)
37. Mrugalska, B., Stetter, R.: Health-aware model-predictive control of a cooperative AGV-based production system. Sens. **19**(3), (2019)
38. Nuhic, A., Terzimehic, T., Soczka-Guth, T., Buchholz, M.: Health diagnosis and remaining useful life prognostics of lithium-ion batteries using data-driven methods. J. Power Sour. **239**, 680–688 (2013)
39. Paoli, A., Sartini, M., Lafortune, S.: Active fault tolerant control of discrete event systems using online diagnostics. Automatica **47**, 639–649 (2011)
40. Pecht, M.: Prognostics and Health Management of Electronics. Wiley-Interscience, New York (2010)
41. Pecht, M., Jaai, R.: A prognostics and health management roadmap for information and electronics-rich systems. Microelectron. Reliab. **50**, 317–323 (2010)
42. Peng, Y., Dong, M., Zuo, M.J.: Current status of machine prognostics in condition-based maintenance: a review. Int. J. Adv. Manuf. Technol. **50**(1–4), 297–313 (2010)
43. Pham, H.T., Yang, B.S.: Estimation and forecasting of machine health condition using arma/garch model. Mech. Syst. Signal Process. **24**(2), 546–558 (2010)
44. Polak, M., Majdzik, Z., Banaszak, P., Wojcik, R.: The performance evaluation tool for automated prototyping of concurrent cyclic processes. Fundam. Inform. **60**, 269–289 (2004)
45. Pordeus Gomes, J.P., Rodrigues, L.R., Harrop Galvao, R.K., Yoneyama, T.: System level rul estimation for multiple-component systems. In: Proceedings of the 1st Annual Conference of the Prognostics and Health Management Society (2013)

46. Rad, J.S., Hosseini, E., Zhang, Y., Chen, C.: Online tool wear monitoring and estimation using power signals and s-transform. In: Proceedings of SysTol (2013)
47. Ramsaier, M., Holder, K., Zech, A., Stetter, R., Rudolph, S., Till, M.: Digital representation of product functions in multicopter design. In: Proceedings of the 21st International Conference on Engineering Design (ICED 17) Vol 1: Resource Sensitive Design, Design Research Applications and Case Studies (2017)
48. Remmlinger, J., Buchholz, M., Soczka-Guth, T., Dietmayer, K.: On-board state-of-health monitoring of lithium-ion batteries using linear parameter-varying models. J. Power Sour. **239**, 689–695 (2013)
49. Rezvanizaniani, S.M., Liu, Z., Chen, Y., Lee, J.: Review and recent advances in battery health monitoring and prognostics technologies for electric vehicle (ev) safety and mobility. J. Power Sour. **256**, 110–124 (2014)
50. Saha, B., Goebel, K., Poll, S., Christophersen, J.: Prognostics methods for battery health monitoring using a bayesian framework. IEEE Trans. Instrum. Meas. **58**(2), 291–296 (2009)
51. Sankararaman, S.: Significance, interpretation, and quantification of uncertainty in prognostics and remaining useful life prediction. Mech. Syst. Signal Process. **52–53**, 228–247 (2015)
52. Seybold, L., Witczak, M., Majdzik, P., Stetter, R.: Towards robust predictive fault-tolerant control for a battery assembly system. Int. J. Appl. Math. Comput. Sci. **25**(4), 849–862 (2015)
53. Si, X.-S., Wang, W., Hu, C.-H., Zhou, D.-H.: Remaining useful life estimationa review on the statistical data driven approaches. Eur. J. Oper. Res. **213**(1), 1–14 (2011)
54. Sidhu, A., Izadian, A., Anwar, S.: Adaptive nonlinear model-based fault diagnosis of li-ion batteries. IEEE Trans. Ind. Electron. **62**(2), 1002–1011 (2015)
55. Sikorska, J.Z., Hodkiewicz, M., Ma, L.: Prognostic modelling options forremaining use ful life estimation by industry. Mech. Syst. Signal Process. **25**, 1803–1836 (2011)
56. Singleton, R.K., Strangas, E.G., Aviyente, S.: Extended kalman filtering for remaining-useful-life estimation of bearings. IEEE Trans. Ind. Electron. **62**(3), 1781–1790 (2015). March
57. Snihir, I., Rey, W., Verbitskiy, E., Belfadhel-Ayeb, A., Notten, P.: Battery open-circuit voltage estimation by a method of statistical analysis. J. Power Sour. **159**(2), 1484–1487 (2006)
58. Stetter, R., Paczynski, A.: Intelligent steering system for electrical power trains. In: Emobility Electrical Power Train - IEEEXplore, pp. 1–6 (2010)
59. Stetter, R., Paczynski, A., Zajac, M.: Methodical development of innovative robot drives. In: Tools and Methods of Competitive Engineering – TMCE 2008: Proceedings of the seventh international symposium. Izmir, Turcja, 2008. Delft: Delft University of Technology, vol. 1, pp. 565–576 (2008)
60. Stetter, R., Witczak, M.: Degradation modelling for health monitoring systems. J. Phys. **570**, (2014)
61. Stetter, R., Witczak, M., Pazera, M.: Virtual diagnostic sensors design for an automated guided vehicle. Appl. Sci. **8**(5) (2018)
62. Taborelli, C., Onori, S.: Advanced battery management system design for soc/soh estimation for e-bikes applications. Int. J. Powertrains **5**(4) (2016)
63. Tobon-Mejia, D.A., Medjaher, K., Zerhouni, N., Tripot, G.: A data-driven failure prognostics method based on mixture of gaussians hidden markov models. IEEE Trans. Reliab. **61**(2), 491–503 (2012)
64. van den Boom, T.J.J., De Schutter, B.: Modelling and control of discrete event systems using switching max-plus-linear systems. Control. Eng. Pract. **14**, 1199–1211 (2006)
65. Wang, H.-K., Li, Y.-F., Huang, H.-Z., Jin, T.: Near-extreme system condition and near-extreme remaining useful time for a group of products. Reliab. Eng. Syst. Saf. **162**, 103–110 (2017)
66. Wang, J., Steiber, J., Surampudi, B.: Autonomous ground vehicle control system for high-speed and safe operation. In: 2008 American Control Conference (2008)
67. Wang, T., Yu, J., Siegel, D., Lee, J.: A similarity-based prognostics approach for remaining useful life estimation of engineered systems. In: Proceedings of the International Conference on Prognostics and Health Management, pp. 1–6 (2008)
68. Widodo, A., Shim, M.-C., Caesarendra, W., Yang, B.-S.: Intelligent prognostics for battery health monitoring based on sample entropy. Expert. Syst. Appl. **38**, 11763–11769 (2011)

69. Witczak, M.: Fault Diagnosis and Fault-Tolerant Control Strategies for Non-Linear Systems. Analytical and Soft Computing Approaches. Springer, Berlin (2014)
70. Yousfi, Basma: Rassi, Tarek, Amairi, Messaoud, Aoun, Mohamed: Set-membership methodology for model-based prognosis. ISA Trans. **66**, 216–225 (2017)
71. Zhang, H., Hu, C., Kong, X., Zhang, W., Zhang, Z.: Online updating with a wiener-process-based prediction model using ukf algorithm for remaining useful life estimation. In: 2014 Prognostics and System Health Management Conference (PHM-2014 Hunan), pp. 305–309 (2014)
72. Ziemniak, P., Stania, M., Stetter, R.: Mechatronics engineering on the example of an innovative production vehicle. In: Norell Bergendahl, M., Grimheden, M., Leifer, L., Skogstad, P., Lindemann, U. (eds.) Proceedings of the 17th International Conference on Engineering Design (ICED'09), vol. 1. pp. 61–72 (2009)
73. Zou, Y., Hu, X., Ma, H., Li. S.E.: Combined state of charge and state of health estimation over lithium-ion battery cell cycle lifespan for electric vehicles. J. Power Sour. **270**, 793–803 (2015)

第7章 扩展具有柔性冗余和共享元素的自动化流程

对于复杂的自动化过程，前两章主要介绍了预测容错控制的策略和框架。而本章要将这些主题进行扩展，使之可处理柔性冗余和共享元素的自动化过程。"冗余元素"是自动化流程中的组成元素，为获得某些容错优势而重复或加倍，这在稍后将对此进行解释，例如，可增加系统可靠性。在本章后面，还将具体讨论将此类元素与灵活性结合起来的有利之处，借以实现柔性的冗余元素。"共享元素"或"共享资源"也是自动化流程中的组成元素，可以在多个过程链中使用，例如，作为测试点执行两个或多个装配线测试工作。当前，由于经济效益原因，这些共享元素经常在自动化过程中使用。本章将介绍区间性最大加代数容错控制框架，它可以处理包含柔性冗余和共享元素的自动化过程。另外，该框架解决了若干不确定性问题，这些问题在当前的工业现实中非常普遍。在不确定性模型的背景下，最近的一些研究工作已经展示了最大加代数的显著优势。本章的主要内容基于作者所发表的文章和早期的著作。本书的第5.2.1节已经介绍了有关区间性最大加代数的预备知识，这将作为本章的数学基础。

在组织结构上，本章的内容如下：第7.1节将说明柔性冗余和共享元素的特殊性优点。第7.2节举例描述了正处在研究阶段的汽车座椅装配系统。第7.3节重点介绍了冗余型"自动引导车辆"的建模，而第7.4节描述了装配系统建模。第7.5节介绍了针对约束型模型的预测控制算法。第7.6节阐述了容错控制方案。这些算法和方案的实现，作为结果将在第7.7节中进行讨论。

7.1 柔性冗余和共享元素

如第2.4节所述，冗余（即重复或加倍过程元素）可能是容错设计的重要手段。在自动化流程中，实现冗余可以带来以下多个优势。

- 提高容错能力，并由此提高上级系统的可靠性：冗余元件可以在发生故障时相互进行替换，并且可以至少部分地补偿对上级系统的负面影响，从而提高其可靠性。例如，在装配系统中的第二辆自动引导车可以代替出现故障的第一辆，并且可以在装配系统（上级系统）中继续按预定的顺序执行装配操作。

- 可扩展性：所谓可扩展的组装系统，就是可对组装产品数量的变化做出相应的反应。用冗余元素就可实现这种可伸缩性。在组装过程中，产品在数量上发生变化，这在行业中其实非常普遍，因为，通常在生产过程中，所需的组装件数量很少，当它的数量达到最大值时，产品的"寿命终止"（EndOfLife）就更接近了。这种变化也可能是由于一年中的季节性原因，以及经济波动等，改变了对产品的需求所引起的结果。在自动化过程中，作为冗余元素的一个示例，比如，可能是在产品启动阶段（初期小批量试产，效果不错后逐步加量），仅采用一辆自动引导车完成一项操作任务，然后在生产高峰期间，扩展到使用三个冗余性的自动引导车，也许在接近产品的"寿命终止"时，撤出其中的两个。
- 改善可维护性：冗余元件可以改善系统的可维护性，这是因为一个冗余元素可以在维护期间替换其他有故障的元素。
- 增加灵活性：冗余元件可以有助于提高上级系统的灵活性，因为它们可以缓冲其余元件所出现的运行不规则性。

如果冗余元件放弃了某些柔性方面的要求，则实现其容错优势甚至将更加容易，而且更有可能。这里，对自动引导车而言，最重要的两点是其工位灵活性和时间灵活性。

- 工位灵活性是指所设计的车轮结构，可以实现行驶到各个工作位置，将一个物料经过轨道、传送带或类似的固定或引导系统进行自由性的运输。这种位置上的灵活性是自动引导车的主要优势之一，它使两个或多个冗余的自动引导车利用相同的行进路径，从而降低了对空间的需求和额外投资成本。
- 时间灵活性是指组装过程可以独立于预定的计划表，执行某些任务或到达某些位置的能力。为了在时间有限的情况下仍能协调上级系统，这就需要智能型算法、复杂的控制系统以及安全、迅速的信息通信，科研学术界已经接受了这一挑战，并已提出、开发和验证了各种算法和系统。因此，灵活的冗余元素已在当前和将来的自动化过程中被频繁地使用。学术研究表明，作为并行系统的组成元素，完全有可能实现对冗余元素的控制和应用最大加代数方法。

在自动化过程中，柔性的其他两个方面也起着显著作用：即应用柔性和条件柔性。

- 应用柔性：该术语描述了可将过程组件应用于多个应用场景的能力。通常，可区分出三种不同级别的应用柔性：几何和材料柔性、物理应用柔性和功能柔性，这三个级别对应于第7.3节中所描述的级别。几何和材料柔性可能是指自动引导车能够输送不同几何形状或材料的物料。物理应用柔性是指自动引导车可以通过摩擦效应（例如，传统的机械抓手）或负压（例如，真空）方式实现物料提取。功能柔性就是一辆自动引导车可以执行两个或多个不同的操作，例如，输送物料，并对这些或其他物料进行组装。

- 条件柔性：该术语的含义是，过程元件可适应环境条件的变化，例如，温度或地面条件。这里总结性地列出了柔性冗余元件的特性（图7-1）。

有趣的是，在生物系统的器官中也存在柔性的冗余组件。

共享元件（通常也称为共享资源）常用于一个自动化流程中的多个流程链。采用共享元件的最重要原因是其经济性。通常，将处理时间短、造价昂贵的单元用作共享元素，这样可以减少对系统维护和操作人员的需求，因此可节省投资和运营成本。有时，因为冗余或类似元件本身故障的原因，临时应用共享资源是必要，而且明智的。可惜不幸的是，应用共享元件可能会导致系统资源冲突。在冲突事件增加的情况下，流程中所有工作任务的等待时间将增加。因此可见，避免系统资源冲突，这是实现具有更高性能水平的自动化流程所要研究的一个重要课题，也是当前学术研究活动的重点。共享元件的使用符合一般性的设计准则，因为它们可以导致更高效、更简洁轻便的系统。但是，从容错设计的角度来看，共享元件可能至关重要，因为共享元件会降低整个系统的可靠性，并可能导致冲突和运行瓶颈。这也是未来很有意义的研究领域。图7-2概述了共享元件所具有的优越性和提出的挑战。

图7-1 柔性冗余元件的特性

图7-2 共享元件的优越性和挑战

柔性的冗余和共享元件可能会导致对自动化过程产生一些特定约束，所以建议在系统控制框架中定义这些过程。这样的框架可以避免资源冲突，或者至少将其影响作用降到最低，并可以在自动化过程中实现柔性冗余元件之间的平稳有效合作。

7.2 过程举例

本章的应用示例是一个座椅装配系统，它类似于第6章中所叙述的系统。但与第6章相比，这里将专用于组装安全设备的机器人作为共享元素。在这一组装场合中，要涉及两个新式座椅框架的变异，需要将它们从两个初始组装工位，运输到专用机器人和两个最终组装工位（图7-3）。

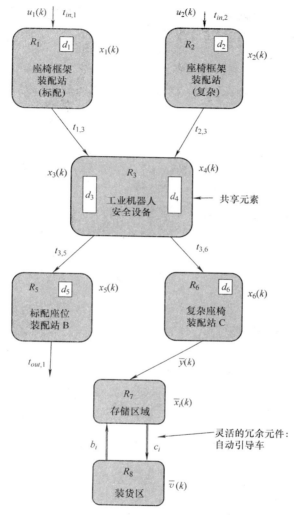

图7-3 示例：过程描述

第一个处理步骤，就是标配型座椅框架的组装（资源 R_1；相应的操作时间 $d_1(k)$），或者复杂型座椅框架的装配（资源 R_2；相应的运行时间 $d_2(k)$）。然后将两种座椅框架都运送到下一个组装工位，该工位配备有专用的工业机器人（共享元件）。该工业机器人进行安全系统组装（资源 R_3；标配型座椅框架的操作持续时间 $d_3(k)$），（资源 R_4；复杂型座椅框架的操作持续时间 $d_4(k)$）。该工业机器人带有一个螺栓紧固装置，它可进行测量，并存储质量和安全文档所需的数据信息（例如，螺栓力矩等）。然后将标配型座椅框架运输到第一个装配工位 B（标配座椅组装），完成整个标配型座椅组装（资源 R_5；运行时间 $d_5(k)$），而复杂型座椅框架将被运输到装配工位 C（复杂座椅安装），完成整个复杂型座椅组装（资源 R_6；运行时间 $d_6(k)$）。本章的重点在于介绍组装工位 C，即组装的复杂型座椅框架（资源 R_6）。组装好的复杂型座位被转移到存储区（资源 R_7）。在该存储区域中，两个冗余的自动引导车（作为柔性的冗余元件）将完整的复杂型座椅运输到位于另一车间的装载区域（R_8）。在最后阶段，c_i 表示座椅从存储区域 R_7 到装货区域 R_8 的装载和运输，而 b_i 表示座椅卸载和从装载区域 R_8 到储存区域 R_7 的运输。为了保持一致，引入了操作持续时间 d_7 和 d_8，但是它们都等于零，即 $d_7=0$ 和 $d_8=0$。

上面所描述的自动化过程其实是一种灵活的制造系统（FES），可以使用以下的参数，将这一过程合理地描述为具有可识别状态的离散事件系统（DES）。

- 处理操作集合 $\mathbb{P}=\{p_{i,j}\}$，其中：$p_{i,j}$ 表示对第 j 个资源执行的第 i 个处理操作，$i \in \{1,2,\cdots,n\}$，$3n$ 是处理操作的数量，$j \in \{1,2,\cdots,r\}$，r 是资源数。
- $\mathbb{D}=\{d_1,d_2,\cdots,d_n\}$ 是一组操作时间。
- $\mathbb{T}=\{t_{l,k}\}$ 是一组操作时间，$\forall l,k \in \{1,2,\cdots,r\}:l \neq k$，第 l 个资源和第 k 个资源之间存在联系。

基于上述对过程的形式化描述，以及区间性最大加代数，就可以确定冗余自动引导车的数学模型和装配系统。

7.3 柔性冗余元素建模

本节旨在描述柔性冗余元件的数学模型，具体讲，就是在存储和装载区域之间运行的冗余自动引导车。这里主要的目标是生成操作时间表，以发挥自动引导车的最佳性能。第一步是用数学方法描述自动引导车的运作行为。为此，定义了以下变量：

- $\bar{x}_i(k)$，第 k 个事件计数器中第 i 辆自动引导车的运输开始时间。
- $\bar{y}(k)$，第 k 个事件计数器中的存放区座位可用时间。
- $\bar{v}(k)$，第 k 个事件计数器中的装载区座位可用时间。
- $v_i(k)$，与第 k 个事件计数器的第 i 辆自动引导车相关联的决策。

这组变量就可确定所期望的数学模型，其中可用时间是指某个零部件（比如座椅框架）抵达某个操作点（比如装配点），可供进一步操作处理的时间。这里一个主要挑战就是使用灵活的冗余元素进行并行操作。可以通过引入一个决策变量 $v_i(k)$ 来解决此难题，假设该决策变量只采用集合 $\{e,\varepsilon\}$ 中的值。该决策变量的含义就是，$v_i(k)=e$ 描述第 i 辆自动引导车为第 k 个事件计数器所执行的运输任务，而 $v_i(k)=\varepsilon$ 表示完全相反的情况。第 i 辆自动引导车可以用状态方程描述：

$$\bar{x}_i(k+1) = \max(\bar{x}_i(k)+b_i(k)+c_i(k),\bar{y}(k+1)) \tag{7-1}$$

它具有相关的约束：

$$v_i(k) = \varepsilon \Leftrightarrow b_i(k) = e, c_i(k) = e \tag{7-2}$$

$$v_i(k) = e \Leftrightarrow v_j(k) = \varepsilon, \forall_{i \neq j} \tag{7-3}$$

约束式（7-2）的含义涉及以下的情况：根据第 k 个事件计数器的记录，第 i 辆自动引导车没有能实现此周期的运输任务，在这种情况下，双向的运输时间等于零。通过第二个约束，它保证了第 i 辆自动引导车在第 k 个事件期间仅处于活动状态。使用这些约束和相应的符号，可计算出第 $k+1$ 个事件中，座椅在装载区的可用时间：

$$\overline{v}(k+1) = \max(\overline{x}_1(k+1) + c_1(k+1) + v_1(k+1),$$
$$\overline{x}_2(k+1) + c_2(k+1) + v_2(k+1), \overline{v}(k) + d_8) \tag{7-4}$$

此模型允许两辆冗余自动引导车，并引入以下的性能约束：

$$\overline{v}(k) \leq \overline{v}_{ref}(k) \tag{7-5}$$

引入这种性能限制，就允许在第 k 个事件中确定在装载区中座椅的预定时间。然后可以以简明的形式对此给予描述（可比较式（1-18）、式（1-19））：

$$\overline{x}(k+1) = A(v(k), v(k+1)) \otimes \overline{x}(k) \oplus B(v(k), v(k+1)) \otimes r(k+1) \tag{7-6}$$

式中，$\overline{x} = [\overline{x}_i(k), \overline{x}_i(k), \overline{v}(k)]^T$ 和 $r(k)$ 表示系统输入。而用最大加代数式（7-4）不能直接描述。如果引入两个人工变量，则可以解决此问题。可将这两个虚拟变量用作输入 $r(k)$：

$$r(k) = [\overline{y}_1(k), \overline{y}_2(k)]^T \tag{7-7}$$

将式（7-1）中的变量 $\overline{y}(k)$ 用 $\overline{y}_1(k)$ 或 $\overline{y}_2(k)$ 替换，结果是：

$$\overline{x}_1(k+1) = \max(\overline{x}_1(k) + b_1(k) + c_1(k), \overline{y}_1(k+1))$$
$$\overline{x}_2(k+1) = \max(\overline{x}_2(k) + b_2(k) + c_2(k), \overline{y}_2(k+1)) \tag{7-8}$$

再有附加条件：

$$v_i(k+1) = e \Leftrightarrow \overline{y}(k+1) = r_i(k+1) = \overline{y}_i(k+1), i = \{1, 2\} \tag{7-9}$$

如果将式（7-8）代入式（7-4），则可得到以下形式：

$$\overline{v}(k+1) = \max(\overline{x}(k) + b_1(k) + c_1(k) + c_1(k+1) + v_1(k+1),$$
$$\overline{x}_2(k) + b_2(k) + c_2(k) + c_2(k+1) + v_2(k+1), \overline{v}(k) + d_8,$$
$$\overline{y}_1(k+1) + c_1(k+1) + v_1(k+1),$$
$$\overline{y}_2(k+1) + c_2(k+1) + v_2(k+1)) \tag{7-10}$$

系统方程式（7-8）和式（7-9）的简洁形式，可以表达为

$$A_v = \begin{bmatrix} b_1(k) + c_1(k) & \varepsilon & \varepsilon \\ \varepsilon & b_2(k) + c_2(k) & \varepsilon \\ b_1(k) + c_1(k) + c_1(k+1) + v_1(k+1) & b_2(k) + c_2(k) + c_2(k+1) + v_2(k+1) & d_8 \end{bmatrix}$$

$$\tag{7-11}$$

$$B_v = \begin{bmatrix} e & \varepsilon \\ \varepsilon & e \\ c_1(k)+v_1(k+1) & c_2(k)+v_2(k+1) \end{bmatrix} \quad (7\text{-}12)$$

这两个矩阵 A_v 和 B_v 的结构取决于决策变量 $v_i(k)$、$v_{i+1}(k)$，即想要获取第 $k+1$ 个事件中的 A_v 和 B_v 的结构时，就需要考虑第 k 个事件和第 $k+1$ 个事件中决策变量 $v_i(k)$、$v_{i+1}(k)$ 的值。因为描述自动引导车系统的矩阵 A_v 和 B_v 已给出，就可以引入处理时间（$d_7 = e$，$d_8 = e$）和运输时间。其中运输时间可以定义为

$$\forall k \in \mathbb{N}, i \in \{1,2\}: c_i(k) = 10, b_i(k) = 10 \quad (7\text{-}13)$$

在一个实际的制造和组装系统中，经常无法准确确定运输和生产时间。但是，通常可以确定这些时间之间的间隔。对于 $v_1(k+1) = e$ 和 $v_2(k+1) = \varepsilon$ 的情况，矩阵 A_v 和 B_v 的结构可表达为

$$A_v = \begin{bmatrix} [18,22] & \varepsilon & \varepsilon \\ \varepsilon & [18.5,21.5] & \varepsilon \\ [27.5,32.5] & \varepsilon & e \end{bmatrix}, \quad B_v = \begin{bmatrix} e & \varepsilon \\ \varepsilon & e \\ [8,10] & \varepsilon \end{bmatrix} \quad (7\text{-}14)$$

7.4 座椅装配系统的建模

如前所述，可将座椅组装系统描述为一个"离散型事件系统"，这就具有多个优点，适用于多项任务的同步运行规则，例如，生产加工和运输，当然这也是设计这种复杂装配系统的主要挑战之一，本节将具体说明如何面对和解决此类问题。

7.4.1 最大加 Max – Plus 线性模型和区间最大加 Imax – Plus 框架

在一个轿车座椅组装系统中，可以区分两种不同的任务同步模式。第一种模式描述了以下情况：一个所考虑的处理单元能够在下一个产品项上（在第 $k+1$ 个循环中）开始其预期的操作，其条件是该产品已运送到此处理单元，而且前一个产品项的所有处理操作都已完成（在第 k 个循环中）。以数学形式，可以对 R_1 单元使用以下公式表示这种同步模式：

$$x_1(k+1) = \max(x_1(k) + d_1, u_1(k+1) + t_{in,1}) \quad (7\text{-}15)$$

第二种任务同步模式描述了以下情形：在两个过程链中使用一个共享资源元素 R_3，它只能在给定的周期 k 中，在一个过程链中执行其预期的操作，这种模式可以称为互斥模式。以数学形式，可以使用以下公式对单元 R_3 以这种同步模式表示：

$$x_3(k+1) = \max(x_1(k+1) + d_1 + t_{1,3}, x_4(k) + d_4),$$
$$x_4(k+1) = \max(x_2(k+1) + d_2 + t_{2,3}, x_3(k+1) + d_3) \quad (7\text{-}16)$$

基于这些假设和任务同步模式，就可以使用以下模型来描述一个座椅组装系统：

$$x_1(k+1) = \max(x_1(k) + d_1, u_1(k+1) + t_{in,1})$$

第 7 章　扩展具有柔性冗余和共享元素的自动化流程

$$x_2(k+1) = \max(x_2(k)+d_2, u_2(k+1)+t_{in,2})$$
$$x_3(k+1) = \max(x_1(k+1)+d_1+t_{1,3}, x_4(k)+d_4) = \max(x_1(k)+2d_1+t_{1,3},$$
$$x_4(k)+d_4, u_1(k+1)+d_1+t_{in,1}+t_{1,3})$$
$$x_4(k+1) = \max(x_2(k+1)+d_2+t_{2,3}, x_3(k+1)+d_3) = \max(x_1(k)+2d_1+d_3+t_{1,3},$$
$$x_2(k)+2d_2+t_{2,3}, x_4(k)+d_4+d_3, u_1(k+1)+d_1+d_3+t_{in,1}+t_{1,3}, u_2(k+1)+d_2+t_{in,2}+t_{2,3})$$
$$x_5(k+1) = \max(x_3(k+1)+d_3+t_{3,5}, x_5(k)+d_5) = \max(x_1(k)+2d_1+d_3+t_{1,5},$$
$$x_4(k)+d_4+d_3+t_{3,5}, x_5(k)+d_5, u_1(k+1)+d_1+d_3+t_{in1}+t_{1,5})$$
$$x_6(k+1) = \max(x_4(k+1)+d_4+t_{3,6}, x_6(k)+d_6 = \max(x_1(k)+2d_1+d_3+d_4+t_{1,6},$$
$$x_2(k)+2d_2+d_4+t_{2,6}, x_4(k)+2d_4+d_3+t_{3,6}, x_6(k)+d_6, u_1(k+1)$$
$$+d_1+d_3+d_4+t_{in,1}+t_{1,6}, u_2(k+1)+d_2+d_4+t_{in,2}+t_{2,6}) \quad (7\text{-}17)$$

式中，$t_{1,5} = t_{1,3} + t_{3,5}$，$t_{1,6} = t_{1,3} + t_{3,6}$，$t_{2,6} = t_{2,3} + t_{3,6}$。

可以使用最大加代数式（1-18）、式（1-19）来详细描述前面的公式，生成两个新的系统矩阵 $\boldsymbol{A}$ 和 $\boldsymbol{B}$：

$$\boldsymbol{A} = \begin{bmatrix} d_1 & \varepsilon & \varepsilon & \varepsilon & \varepsilon & \varepsilon \\ \varepsilon & d_2 & \varepsilon & \varepsilon & \varepsilon & \varepsilon \\ d_1+t_{1,3} & \varepsilon & \varepsilon & d_4 & \varepsilon & \varepsilon \\ 2d_1+d_3+t_{1,3} & 2d_2+t_{2,3} & \varepsilon & d_4+d_3 & \varepsilon & \varepsilon \\ 2d_1+d_3+t_{1,5} & \varepsilon & \varepsilon & d_4+d_3+t_{3,5} & d_5 & \varepsilon \\ 2d_1+d_3+d_4+t_{1,6} & 2d_2+d_4+t_{2,6} & \varepsilon & 2d_4+d_3+t_{3,6} & \varepsilon & d_6 \end{bmatrix} \quad (7\text{-}18)$$

$$\boldsymbol{B} = \begin{bmatrix} t_{in,1} & \varepsilon \\ \varepsilon & t_{in,2} \\ d_1+t_{in,1}+t_{1,3} & \varepsilon \\ d_1+d_3+t_{in,1}+t_{1,3} & d_2+t_{in,2}+t_{2,3} \\ d_1+d_3+t_{in1}+t_{1,5} & \varepsilon \\ d_1+d_3+d_4+t_{in,1}+t_{1,6} & d_2+d_4+t_{in,2}+t_{2,6} \end{bmatrix} \quad (7\text{-}19)$$

根据对座椅总成系统的分析性描述，就可以引入后续的处理和运输时间：$d_1 = 1$，$d_2 = 2$，$d_3 = 2$，$d_4 = 2$，$d_5 = 2$，$t_5 = 1$，$t_{in,1} = 2$，$t_{in,2} = 2$，$t_{1,3} = 4$，$t_{2,3} = 1$，$t_{3,5} = 2$，$t_{3,6} = 2$。如前所述，在工业实践中，通常不可能精确地确定生产和运输时间。但可以确定这两个时间之间的间隔值，假设它们以此会得出随后的矩阵 $\boldsymbol{A}$ 和 $\boldsymbol{B}$：

$$\boldsymbol{A} = \begin{bmatrix} [0,1] & \varepsilon & \varepsilon & \varepsilon & \varepsilon & \varepsilon \\ \varepsilon & [1.5,2.5] & \varepsilon & \varepsilon & \varepsilon & \varepsilon \\ [4,6] & \varepsilon & \varepsilon & [1.5,2.5] & \varepsilon & \varepsilon \\ [7,9] & [4,6] & \varepsilon & [3,5] & \varepsilon & \varepsilon \\ [9,11] & \varepsilon & \varepsilon & [5,7] & [1.5,2.5] & \varepsilon \\ [11,13] & [8,10] & \varepsilon & [7,9] & \varepsilon & [0.5,1.5] \end{bmatrix} \quad \boldsymbol{B} = \begin{bmatrix} [1.5,2.5] & \varepsilon \\ \varepsilon & [0.5,1.5] \\ [6,8] & \varepsilon \\ [8,10] & [3,5] \\ [10,12] & \varepsilon \\ [12,14] & [7,9] \end{bmatrix}$$

7.4.2 处理过程约束

前面的讨论产生了一个模型式描述。要得到完整系统功能，下一步就是要确定若干限制座椅组件系统行为的约束条件。这些约束可以通过如下条件描述。

- 系统需要遵循一个预先定义的行驶轨迹，并且可以将其定义为以下形式的调度约束：

$$x_j(k) \leq t_{ref,j}(k), j = 1, \cdots, n-1 \qquad (7-20)$$

$$x_n(k) \leq \bar{y}_{ref,i}(k), i = 1, \cdots, n_v \qquad (7-21)$$

式中，$t_{ref,j}(k)$ 是事件计数器 k 处 $t_j(k)$ 的上限，$\bar{y}_{ref,i}(k)$ 是事件计数器 k 处 $y_j(k)$ 的上限，n 是处理（组装）操作的数量，n_v 是自动引导车的数量。

- 第一个约束与第二种同步模式（互斥）相关联，这使框架能够避免可能出现的任务冲突（比较第 7.4.1 节）：

$$\text{if } \exists p_{i,k}, p_{j,k} \in \mathbb{P} \text{ then } x_i(k) + d_i - x_j(k) \leq 0 \qquad (7-22)$$

- 第三个约束条件与各个自动引导车的实际性能相关：

$$u_i(k+1) - u_i(k) \leq \bar{u}_i, i = 1, \cdots, r \qquad (7-23)$$

上限 $\bar{u}_i$ 表示自动引导车的最大速度。如果超过此限制，则驱动电动机的能耗将急剧增加。

- 第四个约束条件与变化率有关：

$$u_j(k+1) - u_j(k) \geq z_j, j = 1, \cdots, r \qquad (7-24)$$

式中，$z_j > 0$ 是变化率的上限。

- 最后一个约束描述了以下事实：到达每个装配站的时间 $k+1$ 不能小于 k。

7.5 约束模型预测控制

当前，一个行业的自动化流程需要满足很多的需求，这导致了难以进行过程约束和质量控制。这里，"模型预测控制"（MPC）技术具有一个独特的性质，就是它能够处理约束。它所提出的框架是从通用的模型预测控制策略衍生而来的，建议采用最大加线性系统。这个问题归结为找到一个输入序列 $\bar{y}(k), \cdots, \bar{y}(k+N_p-1)$，以使成本函数 $J(u)$ 最小化：

$$J(\bar{y}) = -\sum_{j=0}^{N_p-1} \bar{y}(k+j) \qquad (7-25)$$

式中，N_p 表示预测范围。

必须避免 $x(k+1), \cdots, x(k+N_p-1)$ 对调度约束式（7-22）的直接影响作用。而在以下情况下，就可以避免这种影响：

$$\tilde{x}(k+N_p-1) = M \otimes x(k) \oplus H \otimes \tilde{\bar{y}}(k) \tag{7-26}$$

这里

$$\tilde{\bar{y}}(k) = \begin{bmatrix} \bar{y}(k+1) \\ \bar{y}(k+2) \\ \vdots \\ \bar{y}(k+N_p-1) \end{bmatrix}, \tilde{x}(k+N_p-1) = \begin{bmatrix} x(k+1) \\ \vdots \\ x(k+N_p-1) \end{bmatrix}$$

通过使用式（1-18）和式（1-19）中的微分代数方程表达式，可以求得

$$H = \begin{bmatrix} B_v & \varepsilon & \cdots & \varepsilon \\ A_v \otimes B_v & B_v & & \varepsilon \\ \vdots & \vdots & \ddots & \vdots \\ A_v^{\otimes N_p-2} \otimes B_v & A_v^{\otimes N_p-3} \otimes B_v & \cdots & B_v \end{bmatrix}, M = \begin{bmatrix} A_v \\ A_v^{\otimes 2} \\ \vdots \\ A_v^{\otimes N_p-1} \end{bmatrix}$$

用以下的形式，就有可能描述其优化策略：从初始条件 $x(k)$ 开始，可以通过以下求解，来获得最佳输入序列 $\bar{y}(k)^*$：

$$\bar{y}(k)^* = \arg\min_{\bar{y}(k), v_i(k), v_i(k+1)} J(\bar{y}) \tag{7-27}$$

可考虑将它带入约束条件式（7-2）、式（7-3）和式（7-5）。

综合先前的阐述，可推导出带有后续结构的自动引导车的控制算法。

算法1：最大加模型预测控制

- 步骤0：设 $k=0$。
- 步骤1：测量状态 $x(k)$，并通过求解约束优化问题式（7-27）获得 $\tilde{y}(k)^*$。
- 步骤2：使用 $y(k)^*$（即 $\tilde{y}(k)^*$）的第一个向量元素，并将其代入系统式（1-18）和式（1-19）。
- 步骤3：设置 $k=k+1$，并返回到步骤1。

优化问题式（7-27）为混合型整数线性规划，当前的数学求解器可以很有效地解决此类问题。

7.6 座椅装配系统的容错控制

在本节中，将要描述在座椅组装系统中，如何处理可能出现的自动引导车故障（这是指在标定条件下，特征性能的不允许偏差）。这里所提出的框架，允许设计不确定系统的控制策略。根据适当的系统描述，考虑一般性的故障情况，就可以得出相应的成本函数，该函数能够处理复杂的故障情况（机械和基础设施问题）。这里的核心问题，就是确定输入序列 $u(k),\cdots,u(k+N_p-1)$，这可将成本函数 $J(u)$ 最小化：

$$J(u) = -\sum_{j=0}^{N_p-1}\sum_{i=1}^{r} q_i u_i(k+j) \tag{7-28}$$

式中,$q_i > 0$,$i = 1,\cdots,m$ 为正加权常数,它表示第 i 辆自动引导车能耗的相对重要性,而 N_p 表示预测范围。

但是,在某些情况下,错误的操作行为会导致无法实现的优化问题。为了应对这些情况,就应该适当地放松调度约束:

$$x_j(k) \le t_{ref,j}(k) + \alpha_j, j = 1,\cdots,n \tag{7-29}$$

式中,$\alpha_j \ge 0$,$j = 1,\cdots,n$ 应该尽可能小,以便与期望的时间表的差异小。为了找到最佳的 α_j 值,可以使用后续的成本函数:

$$J(\alpha) = \sum_{i=1}^{n} \alpha_i \tag{7-30}$$

并可以通过以下方式,制定相应的优化框架:

$$J(u,\alpha) = (1-\beta)J(u) + \beta J(\alpha) \tag{7-31}$$

式中,$0 \le \beta \le 1$ 是需要由开发工程师确定的常数,可以对其进行调整,以表示 $J(u)$ 或 $J(\alpha)$ 更高的重要性。

在给定初始条件 $x(k)$ 的情况下,可以按照以下方式制定优化策略,然后通过求解找到最佳输入序列 $\widetilde{u}(k)^*$:

$$\widetilde{u}(k)^* = \arg\min_{\widetilde{u}(k),\alpha} J(u,\alpha) \tag{7-32}$$

这是具有约束式(7-22)、式(7-24)和式(7-29)的故障系统。第一步,就是要避免 $x(k+1),\cdots,x(k+N_p-1)$ 对调度约束式(7-20)的直接影响。为此:

$$\widetilde{x}(k+N_p-1) = M \otimes x(k) \oplus H \otimes \widetilde{u}(k) \tag{7-33}$$

这里

$$\widetilde{u}(k) = \begin{bmatrix} u(k+1) \\ u(k+2) \\ \vdots \\ u(k+N_p-1) \end{bmatrix}, \widetilde{x}(k+N_p-1) = \begin{bmatrix} x(k+1) \\ \vdots \\ x(k+N_p-1) \end{bmatrix} \tag{7-34}$$

使用离散事件系统式(1-18)和式(1-19)的描述,可以表明:

$$H = \begin{bmatrix} B & \varepsilon & \cdots & \varepsilon \\ A \otimes B & B & \cdots & \varepsilon \\ \vdots & \vdots & \ddots & \vdots \\ A^{\otimes N_p-2} \otimes B & A^{\otimes N_p-3} \otimes B & \cdots & B \end{bmatrix}, M = \begin{bmatrix} A \\ A^{\otimes 2} \\ \vdots \\ A^{\otimes N_p-1} \end{bmatrix} \tag{7-35}$$

将式(7-33)代入调度约束式(7-29),可以提出式(7-32)形式的线性优化问题。

在前面的第 5 章中,已经概述了预测性容错计划系统。可用以下的容错控制算法,解释所开发的方法。

算法2：容错控制算法

- 步骤0：初始化，设 $k=0$。
- 步骤1：测量，测量状态 $x(k)$ 以及实际生产和运输时间的集合，即 D、T。
- 步骤2：移动机器人故障诊断。

如果 $s_i > \delta_i$，则第 i 个移动机器人就出现了故障，其中残差为

$$s_i = u_f(i,k) - u(i,k)^* \tag{7-36}$$

对于所有 $i=1$，$\cdots$，r，$\delta_i > 0$ 是一个很小的正值常数，该常数是由机器人决定的，应该由设计者进行设置。

- 步骤3：生产故障诊断，基于一组测量值 D 计算 A_f 和 B_f。如果 $A_f \geq A$ 或 $B_f \geq B$，则存在一个生产故障。
- 步骤4：模型替换，如果存在一个生产故障，则用 A 和 B 替换发生了故障的 A_f 和 B_f。此外，如果第 i 个机器人出现故障，则用 B 替换 B_f，其中

$$b_{f,j,i} = b_{j,i} \otimes s_i, \ j=1, \ \cdots, \ n \tag{7-37}$$

- 步骤5：求解在约束式（7-22）~式（7-24）和式（7-29）情况下的线性规划问题。
- 步骤6：使用 $\tilde{u}(k)^*$（即 $u(k)^*$）的第一个向量元素，并将其代入输入系统。
- 步骤7：设置 $k=k+1$，返回到步骤1。

在一个典型的工业环境中，容错控制系统（FTC）可以与制造执行系统（MES）紧密地结合起来，可参见图7-4。

制造执行系统将生产任务 $x(k)$ 的当前状态发送到容错控制模块，并为整个预测范围 N_p 提供调度约束 t_{ref}。制造执行系统还将自动引导车到达各个装配站的实际时间 $u_f(k)$ 发送到故障诊断模块。在此基础上，故障诊断模块可以检测到系统的潜在异常行为，并触发"模型变更"模块，将系统矩阵 A 和 B 替换为与故障对等的 A_f 和 B_f。这种新颖的FTC策略及其区间状态空间模型，如同第7.4.1节所述，已在座椅组装系统中的自动化流程上得以验证。

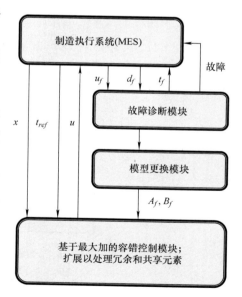

图7-4 基于区间最大加代数的预测容错控制

7.7 实施结果

本节介绍座椅组装系统的验证结果。

7.7.1 无故障情况

在本小节中,将在标定系统行为的情况下,评估前面所提出的框架性能。在此,其初始条件选择为

$$x(0) = [0,0,12.5,15,17,19]^T, \bar{x}(0) = [0,0]^T \quad (7\text{-}38)$$

预测范围选择为 $N_p = 3$。在这种情况下,调度约束为

$$\begin{aligned} t_{ref}(0) &= [0,0,0,12,15,17]^T \\ t_{ref}(1) &= [5,5,17.5,20,22]^T \\ t_{ref}(2) &= [10,10,22.5,25,27]^T \\ t_{ref}(3) &= [15,15,27,30,32]^T \end{aligned} \quad (7\text{-}39)$$

以及

$$\bar{v}_{ref} = [19,24,29,\cdots] \quad (7\text{-}40)$$

该算法具有顺序性结构,其中第一步是确定一个满足自动引导车的调度约束序列 $\bar{y}_{ref}$。图 7-5 和图 7-6 显示了此初始步骤。

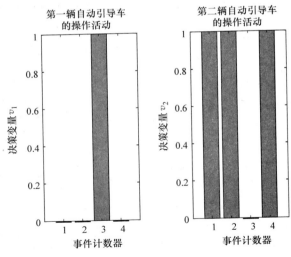

图 7-5 两辆自动引导车的操作活动

基于在 N_p 上预测的 y_{ref} 序列,就可以实现上述算法中的第二步。可能需要说明遵循参考轨迹所需的控制策略,如图 7-7 所示。

可使用式(7-22)中的共享元素。图 7-8 说明了资源 R_3(组装安全系统的工

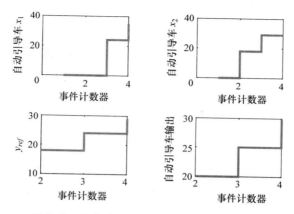

图 7-6 自动引导车系统状态和所得结果 y_{ref}

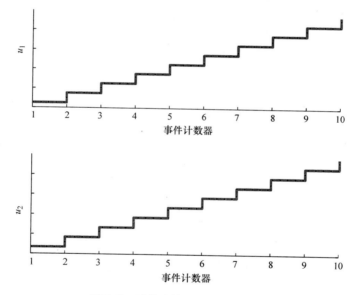

图 7-7 无故障情况下的控制策略

业机器人)的情况。

图 7-9 说明了座椅组件系统的组装结果 y。

7.7.2 故障情况

在本小节中,将在出现故障的情况下,对已开发框架的可靠性进行评估。在此检验中使用了以下故障场景。

情况 1:不允许 d_6 的处理时间延迟超过 0.75(例如,装配工位 C 中,对于复杂的完整座椅),从 $k=3$ 事件计数器开始。

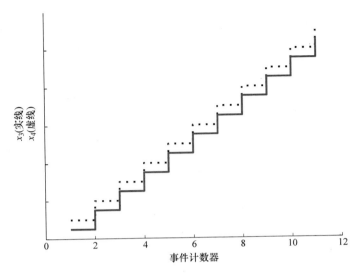

图 7-8　无故障情况下的 x_3 和 x_4 状态

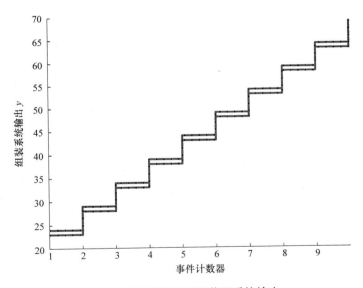

图 7-9　无故障情况下的装配系统输出 y

情况 2：在出现情况 1 的故障同时，第二辆自动引导车出现故障（变量 u_2），以时间延迟 7.5 表示，它从 $k=5$ 事件计数器开始（例如，驱动电动机过热而导致自动引导车速度降低）。

容错控制（FTC）和常规模型预测控制（MPC）算法之间的区别如图 7-10 所示。图 7-11 显示了座椅组装系统的最终输出情况 y。

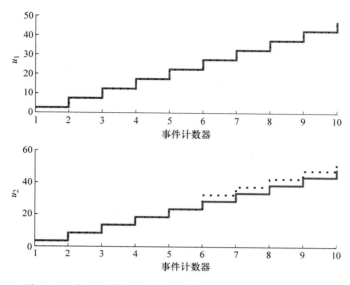

图 7-10 有（虚线）和没有容错控制（实线）的控制策略

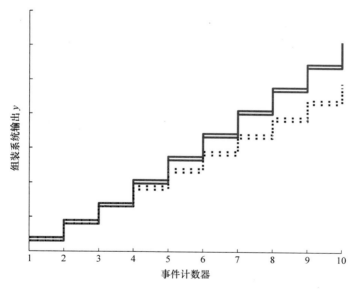

图 7-11 有（虚线）和没有容错控制（实线）的组装过程输出

重要的是要注意，容错控制能够跟随无故障情况中的输出 y_{ref} 而变化，即自动引导车表现出相似于图 7-5 和图 7-6 中的行为。在无故障时间表之前（图 7-12），这种行为的具体实现可以通过复杂座椅框架的组装站（资源 R_2）体现。可以看出，对于模型预测控制（MPC）和容错控制（FTC），x_2 是相同的，但是控制策略 u_2 是相反的，如图 7-10 所示。因此，容错控制可以补偿影响 x_6 的延迟，如图 7-13 所示。可以保证实现整个座椅装配系统的稳定性能,因为有这种延迟补偿,即使在某些元件存在延迟的情况下,也可正常工作。

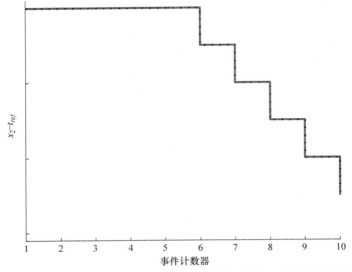

图 7-12　x_2 和其轨迹之间的差异,其中容错控制为虚线,模型预测控制为实线

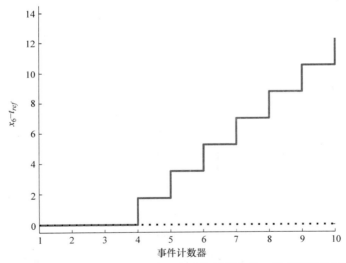

图 7-13　x_6 和其轨迹之间的差异,其中容错控制为虚线,模型预测控制为实线

7.8　结论

本章的重点是自动化过程中的柔性冗余和共享元素。基于所具有的若干特殊性

优势，这两种形式在当前的工业过程中都有所应用。柔性冗余元件可以提高可靠性和容错能力，而共享元素可以提高自动化流程的操作效率。但是，柔性冗余元件需要复杂的控制系统来进行任务同步，而共享元件则需要复杂的控制系统来避免操作冲突。在本章演示了如何采用区间最大加容错控制，解决上面所提出的问题。我们提出了一个可扩展的框架，并以轿车座椅组装系统为例，进行了实际性的验证。其结果还表明，该系统适用于具有不确定性的系统，比如，自动引导车和装配站等应用，并具有故障处理能力，例如，速度降低而导致的延迟。另外，还有一个比较吸引人的事实，那就是可以使用混合线性整数编程方法，来解决潜在的容错控制问题。就未来的研究工作而言，将面向处理具有更多系统元素和故障可能性，以便能够在更加复杂的系统中得到应用。

参 考 文 献

1. Blanke, M., Kinnaert, M., Lunze, J., Staroswiecki, M.: Diagnosis and Fault-Tolerant Control. Springer, New York (2016)
2. de Schutter, T., van den Boom, T.: Model predictive control for max-plus-linear discrete event systems. Automatica **37**(7), 1049–1056 (2001)
3. Komenda, J., Lahaye, S., Boimond, J.-L., van den Boom, T.: Max-plus algebra in the history of discrete event systems. Annu. Rev. Control **45**, 240–249 (2018)
4. Loreto, M., Gaubert, S., Katz, R.D., Loiseau, J.J.: Duality between invariant spaces for max-plus linear discrete event systems. SIAM J. Control. Optim. **48**(8), 5605–5628 (2010)
5. Majdzik, P., Akielaszek-Witczak, A., Seybold, L., Stetter, R., Mrugalska, B.: A fault-tolerant approach to the control of a battery assembly system. Control Eng. Pract. **55**, 139–148 (2016)
6. Majdzik, P., Stetter, R.: A receding-horizon approach to state estimation of the battery assembly system. In: Mitkowski, W., Kacprzyk, J., Oprzedkiewicz, K., Skruch, P. (eds.) Trends in Advanced Intelligent Control Optimization and Automation, pp. 281–290. Springer, Berlin (2017)
7. Manjeet, S., Judd, R.P.: Efficient calculation of the makespan for job-shop systems without recirculation using max-plus algebra. Int. J. Prod. Res. **52**(19), 5880–5894 (2010)
8. Witczak, M., Majdzik, P., Stetter, R., Bocewicz, G.: Interval max-plus fault-tolerant control under resource conflicts and redundancies: application to the seat assembly. Submitt. Int. J. Control (2019)
9. Polak, M., Majdzik, Z., Banaszak, P., Wojcik, R.: The performance evaluation tool for automated prototyping of concurrent cyclic processes. Fundam. Inform. **60**, 269–289 (2004)
10. Seybold, L., Witczak, M., Majdzik, P., Stetter, R.: Towards robust predictive fault-tolerant control for a battery assembly system. Int. J. Appl. Math. Comput. Sci. **25**(4), 849–862 (2015)
11. Tebani, K., Amari, S., Kara, R.: Control of petri nets subject to strict temporal constraints using max-plus algebras. Int. J. Syst. Sci. **49**(6), 1332–1344 (2018)
12. Ting, J., Yongmei, G., Guochun, X., Wonham, W.M.: Exploiting symmetry of state tree structures for discrete-event systems with parallel components. Int. J. Control **90**(8), 1639–1651 (2017)
13. van den Boom, T.J.J., De Schutter, B.: Modelling and control of discrete event systems using switching max-plus-linear systems. Control Eng. Pract. **14**, 1199–1211 (2006)
14. Zhang, R., Cai, K.: Supervisor localisation for large-scale discrete-event systems under partial observation. Int. J. Control **1**–13, (2018)

第8章 结论与未来的研究方向

8.1 结论

通常，工业企业和社会组织都要求提高技术系统的容错能力。本书旨在指出为了达到产品和过程的最佳容错水平，就必须同时考虑多个交互系统。首先，可以使用已创建的"容错控制"算法、策略、方法和工具。在既定的容错控制步骤中，补充预测手段是非常明智的，以便能够将系统剩余使用寿命的估算考虑并纳入技术流程的计划和控制中。此外，将系统的容错范围推前到产品生命周期的早期阶段，这也是一个很理智性的思维，尤其是对于探索和汇总客户的需求而言。这种形式的"容错设计"可以增强技术系统的可控性，但也可以通过虚拟冗余，将容错类固有特性嵌入到技术系统。

在本书中，容错控制和设计的算法、方法、策略和工具，都以自动车辆和生产流程为例进行了详细说明。许多原因推动着人类生活中各个领域的进步，包括工业生产、物流和基础设施。显然，自动车辆和应用过程可以给企业和社会带来巨大的经济效益。最值得注意的是，自动车辆和过程仍可以提高其安全性、可靠性和可用性，尤其是在适当地考虑了容错因素的条件下。某些工业过程，例如组装具有潜在危险的零部件、高能量密度的电池，就特别要求产品和工业流程尽可能避免人为失误而造成的后果。如果人类处于污染（例如噪声）的环境中，或者可能存在接触有毒或其他危险物质的风险，这就提出了同样的安全性需求。

在产品开发中，就应考虑产品的容错性因素，这样设计工作可更加有条理地进行。但在这种过程中的一个主要挑战，就是要确定最基本的设计任务和产品模块的优先级。对此，现在有几种工具可供选用。产品开发流程中的一个关键问题是客户需求管理，即需求的收集、文档编制、结构化、优先级分配和实施跟踪。通过基于模型的描述技术，可以大大改善这种管理工作。当今，最有前途的方法之一就是使用基于图形的统一建模语言（UML）。这一语言主要优点在于，其形象化的模型可以由计算机软件生成和处理，可将客户需求贯通连接在完整的产品数据模型中。

  自动车辆和过程需要有关其状态和环境的数据信息，以便有效、高效和安全地运行，通常，各种传感器可提供此类信息。在理想情况下，这些传感器还可以提供系统是否出现错误或故障，以及其类型、位置和规模等数据信息。在这种情况下，我们可以将它们称为诊断式传感器。当前，创新型的处理方法可以合成各种传感器信息，即使没有可用的传感器数据，或者数据不够可靠。如果采用这些方法，数学模型本身就可生成较为可靠的传感器信息，从而创建了所谓的虚拟传感器（Virtual Sensors）。我们开发了一种创新型方法，它基于所谓二阶有界方法，并以原型的形式实现了自动引导车的控制。在无故障和有故障的操作情况下，该方法已成功地得到了应用。结果明显地表明，比如，对于作用在车轴上的驱动纵向力，所收集到的估算值与由可靠参考模型生成的数值，两者表现出惊人的一致性。而在出现故障的情况下，最终的估计结果会立即产生残差。

  一个复杂的自动化过程不可能完全没有故障，但即使发生一个或多个故障，也应该保证以最佳的方式继续运行。预测性容错控制系统可以为这类问题提供一个颇有希望的解决方案。基于区间式分析方法以及最大加代数算法，使用新颖的系统框架，就可以以最明智的方式将此类过程描述成不确定性的离散事件系统。基于此数

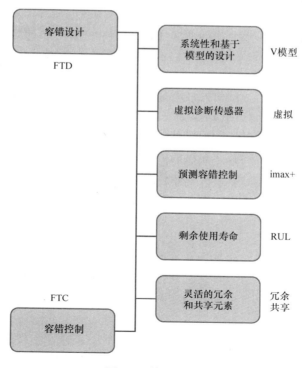

图 8-1　结论概述

学系统的描述，就可以实现基于模型预测和控制的容错策略。这样的策略可以处理各种与加工和运输过程有关的故障问题，并且在一定程度上，可以容忍和承受故障对整个系统性能的影响。

在现代工业自动化过程中，自动引导车通常由充电电池驱动。这些电池的容量取决于其当前的充电状态和本身的健康状况。另外，就自动引导车的应用而言，通常具有协同工作的特点，即一个以上的车辆共同执行任务。本文所推出的创新型系统框架，可在已知的电池运行状况及与车辆互相协作的情况下，控制工业自动化过程。该应用的实际潜力已在装配线上得到了证明，比如汽车座椅组装过程。可将预测型容错控制框架进行扩展，使其成为具有灵活性冗余和共享元素的系统；在这种情况下，该框架允许灵活冗余组成部分的同步，并且可以避免共享元素的资源冲突。本书的主要结论概述性地在图 8-1 中给出。

8.2　未来的研究方向

自动车辆和过程的容错设计和控制，这一主题为未来的学术研究提供了多种可能性。未来的一个突出主题，可以是扩展容错设计理论本身，及其在工业产品开发过程中创建集成化策略、开发新型的方法和工具。本书仅阐述了容错技术的几个重要观点、概念和见解，并对所涉及的领域进行了深入的讨论，给予了系统化的描述。未来的研究项目可以进一步加强现有基础，探索不同种类的开发过程和技术系统。另外，可以扩展有关"监测设计"（DfM）、"控制设计"（DfC）和"诊断设计"（DfD）的现有研究成果。

在过去的几十年中，一些研究计划都是致力于如何协助工艺规划和产品开发过程的控制。本书介绍了不同的研究结果，补充和增加了容错设计和控制的某些特定应用，并且始终强调使用基于图形模型的创新型建模技术。希望更多的容错研究是更明智和实用性的，能针对技术系统的各个方面，并提供更广阔和更深入的数字化建模方法，这些将来的工作任务可以包括有关物理特性、结构关系和逻辑思维，以及监控、调节和诊断方面的解决方案。对于需要容错性的复杂互联系统的开发，这也需要引起进一步的科学关注。此外，进一步的研究工作还应涉及在流程规划和产品开发流程中敏捷性的控制形式、知识管理等较突出的问题。另外，优化传感器和执行器的几何位置可提高容错能力，这也为将来的学术研究提供了若干课题。对早期的技术系统和容错能力进行评估，制订指南和工具是另一个很有前途的领域。研究人员与工业界应该共同探索加强和实施与容错有关的准则、工具、算法、方法和策略。

本书介绍了虚拟诊断传感器现有的研究成果，这些成果可以应用于系统研究计划，旨在进一步开发虚拟执行器。虚拟执行器通常由实际执行器和某一类型的智能补偿单元组成，可以借助网络技术，协同完成某些功能，即使一个或多个实际执行器有故障问题。如同本书所描述的，虚拟传感器的积极性结果表明，开展虚拟执行器的研究也很可能非常富有成效。

未来研究活动希望推出和扩展更具预测性、意识性的控制框架，这就应该采取更多的操作选项，例如考虑电池充电情况。在这种情况下，对解决系统资源冲突的方法进行进一步的科学研究，将具有很重要的意义。未来，还应该针对具有较少传感器和通信设备的制造及装配系统进行容错控制研究，这是因为无法获得相应的数据信息，系统的参数和时间数据都无法衡量。

对鲁棒性容错不确定的系统，仍然需要进行许多科研工作。因此，关于预测控制的未来研究目标，还需要考虑鲁棒性的观测器，对于制造和组装过程，可使用所提出的区间性最大加代数框架。在未来的调查研究中，还应该加强对性能衰退和生命周期数据的分析。即将开展的重点工作还可以是共享资源有意识的应用，以及共享资源预测所需的自我诊断功能。最后，将预测控制框架与现代化技术相结合，例如虚拟现实和增强现实，可以完善操作信息，并且优化计划流程。

如前所述，虽然将来仍有很多研究工作是可以考虑的，但应该指出，正如本书所描述的，现在已经采用了很多策略、框架、方法和算法，都可以优化行业的流程，进而提高技术系统的容错能力。

参 考 文 献

1. Stetter, R.: Monitoring in product development. In: Conference Proceedings of the 14th European Workshop on Advanced Control and Diagnosis (ACD) (2017)
2. Stetter, R., Phleps, U.: Design for diagnosis. In: Proceedings of the 18th International Conference on Engineering Design (ICED 11), vol. 5, pp. 91–102 (2011)
3. Stetter, R., Simundsson, A.: Design for control. In: Proceedings of the 21st International Conference on Engineering Design (ICED 17): Design Methods and Tools, vol. 4, pp. 149–158 (2017)

First published in English under the title
Fault – Tolerant Design and Control of Automated Vehicles and Processes:
Insights for the Synthesis of Intelligent Systems
by Ralf Stetter
Copyright © Springer Nature Switzerland AG, 2020
This edition has been translated and published under licence from Springer Nature Switzerland AG.

本书由 Springer 授权机械工业出版社在中华人民共和国境内（不包括香港、澳门特别行政区及台湾地区）出版与发行。未经许可的出口，视为违反著作权法，将受法律制裁。

北京市版权局著作权合同登记　图字：01 - 2020 - 1898 号。

图书在版编目(CIP)数据

自动车辆和过程的容错设计及控制/（德）拉尔夫·斯德特著；（德）刘晨光译. —北京：机械工业出版社，2021.3
（汽车先进技术译丛. 智能网联汽车系列）
ISBN 978-7-111-67573-0

Ⅰ.①自… Ⅱ.①拉… ②刘… Ⅲ.①汽车 - 设计 Ⅳ.①U462.2

中国版本图书馆 CIP 数据核字（2021）第 034485 号

机械工业出版社（北京市百万庄大街22号　邮政编码100037）
策划编辑：母云红　责任编辑：母云红　丁　锋
责任校对：张　征　封面设计：鞠　杨
责任印制：邓　敏
北京圣夫亚美印刷有限公司印刷
2021年5月第1版第1次印刷
169mm×239mm · 11.75 印张 · 235 千字
0 001—1 900 册
标准书号：ISBN 978 - 7 - 111 - 67573 - 0
定价：119.00 元

电话服务　　　　　　　　　　　网络服务
客服电话：010 - 88361066　　　机　工　官　网：www.cmpbook.com
　　　　　010 - 88379833　　　机　工　官　博：weibo.com/cmp1952
　　　　　010 - 68326294　　　金　书　网：www.golden - book.com
封底无防伪标均为盗版　　　　　机工教育服务网：www.cmpedu.com